JN058108

大卒程度公務員試験

畑中敦子の資料解釈の最前線！

はじめに

「あ゛ぁ～！　電卓ほしい……」って思うでしょうね、資料解釈の問題を解いていると。電卓なしでこんな計算させるなんて、出題者はオニか～って（笑）。まあ、実際に嫌がらせに近い問題もあるのですが、この科目の出題の目的は、もちろん「計算力」ではありません。役所にだって、電卓やPCはありますしね（笑）。問われているのは「判断力」のほうです。より的確に選択肢の正誤の判断ができるかどうか。つまり、データに対する着眼点と処理能力、そして、決断力まで測ろうという狙いがあるかと思われます。

そういう目的は、判断推理や数的推理も同じなのですが、資料解釈は、より実践的な科目といえるでしょう。公務員として現場で触れる様々なデータにより近い題材を扱いますので、データ処理のセンスもこの科目である程度わかります。そして、この科目も「時間と闘う」ことが大きな課題となります。よりスピーディーに処理しないと、時間が果てしなくかかる問題も少なくありません。そのためには、極力計算をせずに正誤の判断をするテクニックの習得と練習が必要になります。資料解釈の勉強も、「勉強」ではなく「訓練」と言っていいでしょう。

資料解釈の問題のほとんどは、5肢から正解肢を見つけるという形式です。5肢のうち正しいのは1つですから、4つは間違っているんですね。つまり、80％の確率で間違っているわけですから、「間違い探し」をすることになります。なので、平均的にある程度の時間はかかりますが、数的推理などと異なり、練習量をこなすことで問題に慣れ、感覚を養うことはできます。面倒な科目ではありますが、2週間ほどの集中訓練で仕上げることは十分できるでしょう。

公務員に限らず、社会人として、データ処理能力はこれからますます重要になってきます。より迅速に仕事をこなす、キレのある公務員になるための、これが第一歩と思って練習してみてください。

本書を活用くださった皆さんが、合格、内定を勝ち取られますよう、心から応援しております。

令和5年3月

畑中敦子

CONTENTS

LEVEL 1

LEVEL 2

LEVEL 3

LEVEL 4

付録

付録のテクニック集には、本編の解説に出てくる８つのテクニックの説明があるよ。
まず先に、ここを軽く読んでから、本編に入るのがおススメ！
暗算問題集は、ある程度慣れてきたところで、練習に使ってね！

本書の効果的活用法

LEVEL

レベル別に4段階。
易しい問題から少しずつレベルアップして、問題に慣れよう！

問題 No

Basic から High Level 問題まで全部で 75 問！
Standard 問題を中心に良問ぞろいだよ。

目標時間

すべての選択肢を、一通り確認する目標時間だと思って！
もちろん、本番では、正解肢を見つけたら終わりだよ。

LEVEL 3

Standard 37

目標時間 6 分

次の図から正しくいえるのはどれか。　　東京都Ⅰ類A 2022

日本における年代別献血者数の構成比の推移

(%)	2015 年度	2016	2017	2018	2019
合計	(4,884)	(4,829)	(4,732)	(4,736)	(4,926)
16歳～19歳	5.3	5.2	5.5	5.6	5.4
20歳～29歳	16.6	16.2	15.6	15.2	14.8
30歳～39歳	19.2	18.6	17.8	17.1	16.6
40歳～49歳	28.9	29.1	28.7	28.1	27.4
50歳～69歳	30.0	30.9	32.4	34.0	35.8

（注）（　）の数値は、年代別献血者数の合計（単位：千人）を示す。

1. 2015 年度についてみると、16 ～ 19 歳の献血者数は 30 ～ 39 歳の献血者数を、700 千人以上、下回っている。
2. 2015 年度から 2019 年度までのうち、40 ～ 49 歳の献血者数が最も多いのは 2015 年度であり、最も少ないのは 2018 年度である。
3. 2016 年度における 20 ～ 29 歳の献血者数を 100 としたとき、2018 年度における 20 ～ 29 歳の献血者数の指数は 90 を下回っている。
4. 2017 年度から 2019 年度までの 3 か年における 50 ～ 69 歳の献血者数の累計は、5,000 千人を上回っている。
5. 2018 年度と 2019 年度の献血者数を年代別にみると、全ての年代において 2018 年度が 2019 年度を上回っている。

160 | LEVEL 3

資料解釈の第一人者、畑中先生の解説は、わかりやすさハンパないよ！

出典

掲載問題はすべて過去問！
最新問題と精選問題でバランスよく構成されてるよ。

テクニック

解説にときどき出てくる「テクニック」は、巻末付録242ページを見てね。

肢1　2015年度の合計は4,884で、16～19歳と30～39歳の構成比の差は19.2－5.3＝13.9ですから、献血者数の差は4,884×13.9％で、これは700に足りません。

よって、16～19歳は30～39歳を700以上、下回ってはいません。

ちょっと補足
5,000×14％＝700だから、これより下だよね。

肢2　まず、最も多いのが2015年かを確認します。2017年度，2018年度は、合計と40～49歳の構成比のいずれも2015年度より少ないので、献血者数も2015年度より少ないです。

残る2016年度と2019年度については、テクニック①を使って、次のように比べます。

（2015年度）　（2016年度）
4,884×28.9％ ＞ 4,829×29.1％
（1.01倍未満）（1.01倍以上）

（2015年度）　（2019年度）
4,884×28.9％ ＞ 4,926×27.4％
（1.05倍以上）（1.01倍未満）

4,884－4,829＝55は4,829の1％以上あるけど、29.1－28.9＝0.2は、28.9の1％に満たないね。

4,926－4,884＝42は4,884の1％に満たないけど、28.9－27.4＝1.5は、27.4の5％以上だよね。

よって、最も多いのは2015年度と確認できます。

次に、最も少ないのは2018年度か確認します。こちらも、2016年度は合計と構成比のいずれも2018年度より多いので、献血者数も2018年度より多いですね。

残る2017年度と2019年度については、同様に、次のように比べます。

小太郎の電卓部屋

2015年　4,884×28.9％≒1,411
2016年　4,829×29.1％≒1,405
2017年　4,732×28.7％≒1,358
2018年　4,736×28.1％≒1,331
2019年　4,926×27.4％≒1,350

Standard 37 | 161

側注

ちょっとしたアドバイスや計算の確認など、本文の先生の解説を、ボクがさりげなくサポートするよ。それぞれの内容は次ページ！

側注表記の意味は次ページ

側注表記の意味

ワンポイントアドバイス One Point Advice

本問のグラフは、売上高は4,900、指数は70から始まっている。つまり、「0からスタート」ではないので、グラフの長さや高さにだまされないように、目盛をしっかり読んでね。

失敗しないためのアドバイス！
ここは欠かさず読んでね！

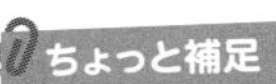

78,000 × 0.3 = 23,400だから、78,448の30％はもっとあるよね。
もちろん、22,596 ÷ 78,448を概数計算してもいいけど、割り算より掛け算のほうがちょっとラクでしょ!?

先生の解説にちょい足し☆
けっこう役に立つと思うよ！

ナットクいかない方はこちら

たとえば、Aの割合が20%から24%に、Bの割合が10%から12%にそれぞれアップしたとすると、増加率は同じだけど、増加幅はAのほうが大きいよね。

「!?」って思ったら読んでね。
思わなかったら飛ばしてOK！

肢1，2が消去できるよ！

解法の途中で選択肢が切れる
ポイントをチェック！

小太郎の電卓部屋

2006年　600÷110≒5.45
2007年　920÷180≒5.11
2008年　1,500÷290≒5.17
2009年　1,700÷355≒4.79
2010年　1,700÷345≒4.93
2011年　1,700÷340＝5.0

ちゃんと計算した結果はここで確認！
あくまで参考として見てね。

文字通り、その問題のポイント！
大事なところだからしっかり理解してね！

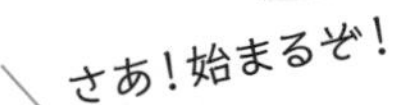

本書に掲載している過去問の出典表記の補足です

国家一般職	国家一般職（大卒）の問題です
国家Ⅰ種	現在の「国家総合職」にあたる試験です（2012年より改定）
国家Ⅱ種	現在の「国家一般職（大卒）」にあたる試験です（2012年より改定）
国税専門官	2012年の改定以降は「国家専門職」と表記しています
裁判所事務官	2012年の改定以降は「裁判所職員」と表記しています
東京都Ⅰ類	2008年の改定以降は、A（院卒），B（大卒）に分類されています
地方上級	主にA日程の再現問題です※
市役所	主にB，C日程の大卒採用試験の再現問題です※

※地方上級、県警などの試験問題は非公開です。本書に掲載されている問題は、LECが受験生の情報をもとに再現したもので、実際の問題とは内容、表記が異なる場合があります。

LEVEL

まず、易しい問題で
ウォーミングアップ！
自信のある人は、
ここは飛ばしても OK！

SIC

Basic 1

目標時間 3 分

下の表は、世界のゲーム業界の市場規模をまとめたものである。この表から判断できることとして、最も妥当なのはどれか。　出典 東京消防庁Ⅰ類 2019

	家庭用ゲーム	スマホゲーム
日　本	3,302	9,453
北　米	12,259	8,932
ヨーロッパ	10,879	4,627
その他	6,977	21,675

（単位：億円）

1．世界合計に占める家庭用ゲームの割合に関して、日本の割合は 20％を超える。
2．家庭用ゲームの世界合計は、スマホゲームの世界合計を上回る。
3．家庭用ゲームに対するスマホゲームの割合に関して、その他よりも日本の方が高い。
4．家庭用ゲームとスマホゲームの合計に関して、世界合計に占める日本の割合は 20％を下回る。
5．家庭用ゲームとスマホゲームの合計に関して、北米はヨーロッパの 2 倍を上回る。

肢1　「世界合計」は、「その他」を含む4つの国や地域の合計ですね。家庭用ゲームの世界合計を見ると、3,302 + 12,259 + 10,879 + 6,977 ですから、ざっくり計算しても30,000を超えています。そうすると、その20%は6,000を超えるわけですが、日本は3,302ですから、20%を下回るとわかりますね。

解説では基本的に、『億円』などの単位は省略するからね！

肢2　肢1と同様に、スマホゲームの世界合計は、9,453 + 8,932 + 4,627 + 21,675 で、これをざっくり計算すると40,000を超えます。

しかし、肢1より、家庭用ゲームのそれは、40,000には及びませんので、スマホゲームを上回ることはありません。

肢3　「その他」のスマホゲームは21,675で、家庭用ゲーム6,977の3倍を超えますね。

7,000の3倍でも21,000だからね。

一方、日本のスマホゲームは9,453で、家庭用ゲーム3,302の3倍に及びません。

3,302の3倍は9,900を超えるでしょ！

よって、「その他」のほうが高いですね。

肢4　家庭用ゲームとスマホゲームの合計について、世界合計では、肢1，2より、30,000 + 40,000 = 70,000を超え、これの20%は14,000を超えます。

一方、日本のそれは、3,302 + 9,453 で、13,000に及びません。

よって、日本は世界合計の20%を下回り、本肢は妥当です。

肢5　肢4と同様に、北米の合計は、12,259 + 8,932で、22,000に及びません。

一方、ヨーロッパのそれは、10,879 + 4,627 で、15,000を超えます。

よって、北米はヨーロッパの2倍に及びません。

レベルと目標時間の説明は、
巻頭「本書の効果的活用法」
を見てね！

Basic 2

目標時間 3 分

図は、ある地域の 1994 年から 2000 年における未成年の年齢別図書館利用者数を示したものである。この図から確実にいえるのはどれか。

出典 東京消防庁Ⅰ類 2003

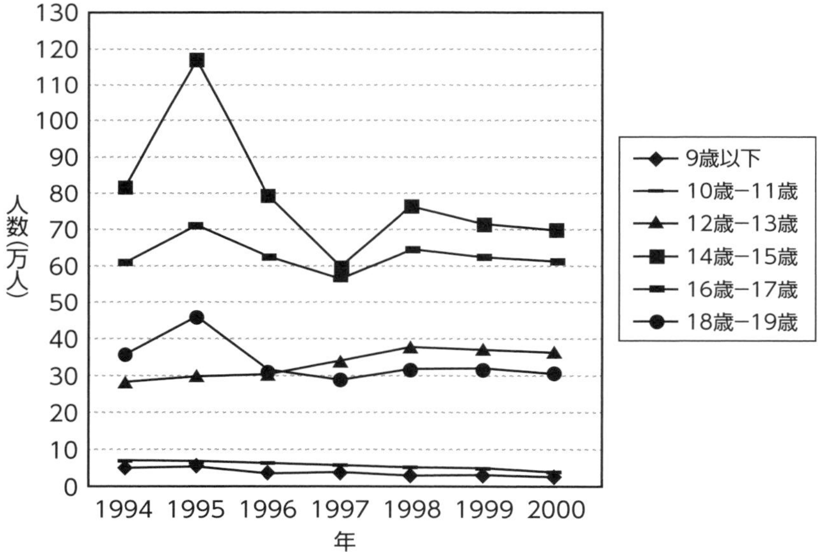

1. この地域の 2000 年の未成年図書館利用者数は 5 年前と比べて増加している。
2. 1994 年から 2000 年において、未成年図書館利用者数の最も少ない年は 2000 年である。
3. 1994 年から 2000 年において、15 歳の図書館利用者数が最も多い。
4. 2001 年からの未成年図書館利用者数は前年に比べて減少するであろう。
5. 1994 年から 2000 年において、未成年図書館利用者数が最大の年は 220 万人以上であった。

肢 1　2000 年と 1995 年を比較するわけですが、1995 年 → 2000 年で増加しているのは、12–13 歳のみですね。それもほんの数万人です。他はすべて減少しており、14–15 歳だけでも 40 万人以上の減少ですから、全体では 2000 年のほうが減少しているのは明らかです。

肢 2　1997 年の数値が全体的に低いことに着目してください。2000 年に比べて 1997 年のほうが多いのは 10–11 歳と 9 歳以下ですが、いずれもその差はほんのわずかです。14–15 歳の差を考えると、2000 年 ＞ 1997 年は明らかでしょう。

肢 3　与えられた年齢区分でいうと、最も多いのは 14–15 歳であることは明らかですが、14 歳と 15 歳の割合は不明ですよね。この区分の利用者のほとんどが 14 歳である可能性もありますので、このようなことは判断できません。

肢 4　こちらも判断不可能なのはわかるでしょう。この資料から将来の予測はできません。

肢 5　図を見る限り、最大の年は 1995 年と推定できるでしょう。そして、この年の多いほうから 3 区分の、14–15 歳，16–17 歳，18–19 歳の合計だけでも、約 117 ＋ 70 ＋ 45 ＝ 232（万人）ですから、全体では明らかに 220 万人以上ですね。

よって、本肢は確実にいえます。

Basic 3

目標時間 3 分

下の表は、A国とB国の一次エネルギーの種別ごとの生産量をまとめたものである。この表から判断できることとして、最も妥当なのはどれか。

出典 東京消防庁Ⅰ類 2018

	固形	液体	ガス	電力	熱	総計
A国	22,596	20,525	24,067	1,639	9,621	78,448
B国	1,958	7,878	5,467	1,453	1,112	17,868

（単位：ペタジュール）

1．A国の総計に占める固形の割合は、30％を上回る。
2．総計に占める液体の割合は、A国よりもB国の方が高い。
3．総計に占める電力の割合は、B国よりもA国の方が高い。
4．B国における液体に対するガスの割合は、80％を上回る。
5．A国とB国の一次エネルギーの種別ごとの生産量を合計すると、液体の生産量が最も多い。

肢1　A国の総計は 78,448 で、これの 30％は 23,000 以上になります。しかし、固形は 22,596 ですから、総計の 30％を上回ることはありません。

肢2　肢1の計算より、A国の液体も総計の 30％に満たないのがわかります。一方、B国の総計 17,868 の 30％は 6,000 にも及びませんので、液体の占める割合は 30％を上回ります。

よって、B国のほうが高いとわかり、本肢は妥当ですね。

肢3　総計はA国がB国の4倍以上あるのに、両国の電力はそれほど大きく変わりませんね。よって、B国のほうが割合は高いとわかります。

肢4　B国の液体は 7,878 で、これの 80％は 5,600 以上になります。ガスは 5,467 ですから、液体の 80％

ちょっと補足

78,000 × 0.3 ＝ 23,400 だから、78,448 の 30％はもっとあるよね。
もちろん、22,596 ÷ 78,448 を概数計算してもいいけど、割り算より掛け算のほうがちょっとラクでしょ!?

7,000 × 0.8 ＝ 5,600 だからね。

を上回りません。

肢 5　液体の生産量の合計は、20,525 + 7,878 で、29,000 に及びませんが、ガスのそれは 24,067 + 5,467 で、29,000 を超えます。よって、最も多いのは液体ではありません。

2

Basic 4

目標時間 3 分

図は、1 月から新たに生産・販売された商品の毎月の生産個数と販売個数を示したものである。次のうち、この商品の 4 月からの月末の在庫個数累積度数グラフとして最も妥当なのはどれか。

ただし、在庫個数＝生産個数－販売個数とする。　出典 国家Ⅱ種 2003

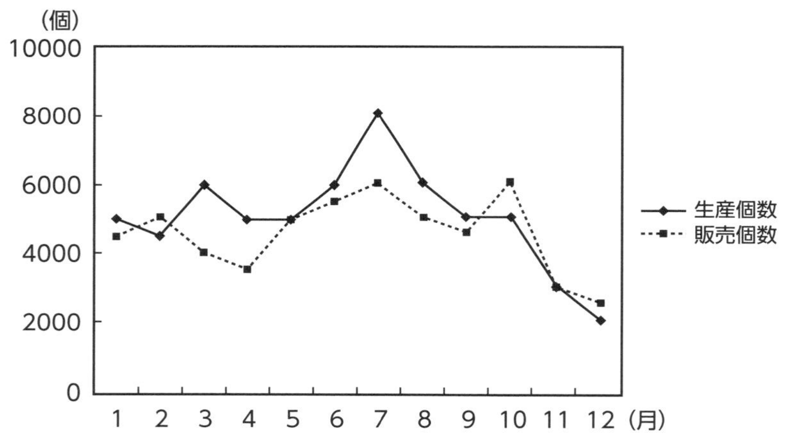

1.

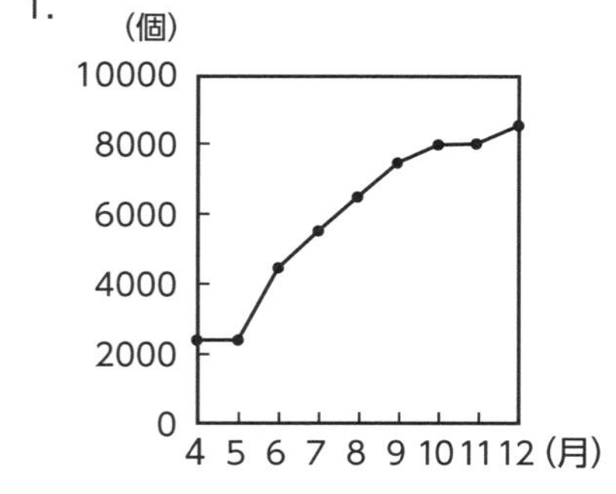

2.

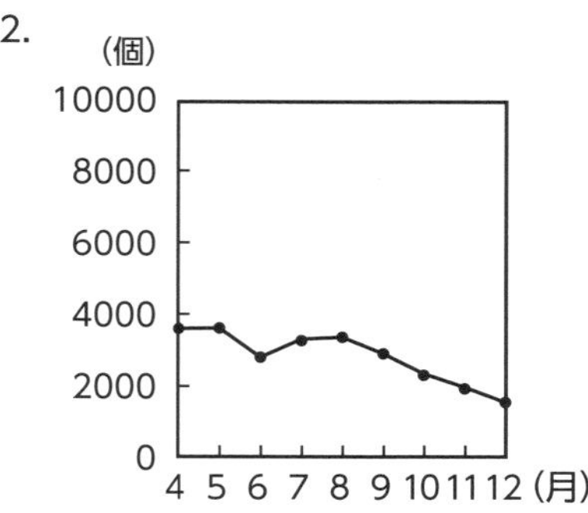

3.

(個)
10000
8000
6000
4000
2000
0
4 5 6 7 8 9 10 11 12 (月)

4.

(個)
10000
8000
6000
4000
2000
0
4 5 6 7 8 9 10 11 12 (月)

5.

(個)
10000
8000
6000
4000
2000
0
4 5 6 7 8 9 10 11 12 (月)

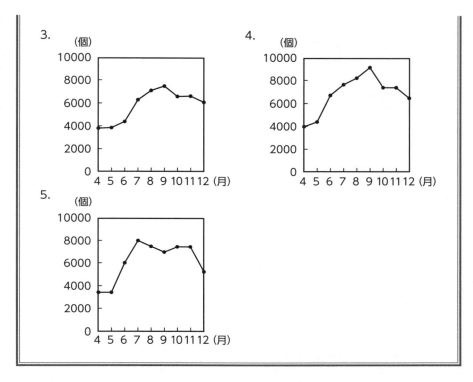

在庫個数は、生産個数と販売個数の差ですから、生産個数より販売個数が下回った月には、累積在庫個数はその差の分だけ増加し、逆なら減少します。

その差が大きいところに着目して、7月を見てください。生産個数が販売個数より2,000個ほど上回っています。ということは、この月の累積在庫個数は前月より2,000個ほど増加しているはずなので、選択肢の6月→7月の変化をチェックすると、**肢3**と**肢5**がこれを満たします。

ここで、この2つの肢の違いを見ると、その前月である5月→6月の増加数が大きく違うのがわかりますね。そこで、6月の生産個数と販売個数の差を確認すると、わずか数百個程度であることがわかり、肢5は多すぎるので消去できます。

よって、消去法により正解は**肢3**です。

肢3と肢5はけっこう違うところが多いので、どこに着目してもカンタンにわかるよね！

3

Basic 5

目標時間 3 分

下の表は、標的型メール攻撃の件数とその内訳の割合を示したものである。この表からいえることとして、最も妥当なのはどれか。 出典 警視庁Ⅰ類 2019

	平成25年	平成26年	平成27年	平成28年	平成29年
標的型メール攻撃の件数（件）	492	1,723	3,828	4,046	6,027
ばらまき型の割合（%）	53	86	92	90	97
ばらまき型以外の割合（%）	47	14	8	10	3

1．平成 27 年のばらまき型以外の標的型メール攻撃の件数は平成 26 年のそれよりも少ない。
2．平成 26 年以降において、標的型メール攻撃の件数の対前年増加率が最も高いのは平成 29 年である。
3．平成 26 年以降において、ばらまき型の標的型メール攻撃の件数の対前年増加率が最も高いのは平成 26 年である。
4．平成 26 年以降において、標的型メール攻撃の件数が前年と比べて最も増加したのは平成 29 年である。
5．平成 26 年以降において、ばらまき型以外の標的型メール攻撃の件数は、いずれの年も前年と比べ増加している。

肢 1　平成 26 年と 27 年のばらまき型以外を、テクニック①を使って、次のように比較すると、26 年＜27 年とわかりますね。

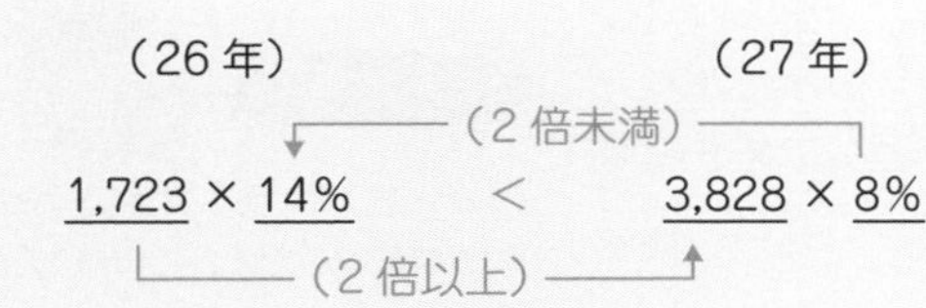

肢 2　平成 28 年 → 29 年は、4,046 → 6,027 で約 1.5 倍ですが、25 年 → 26 年は、492 → 1,723 で 3 倍

全体の件数に割合を掛けて求めるよ。

巻末付録テクニック集を見てね。
①というのは、242 ページ「1．掛け算の比較」のことだよ。

以上ですから、対前年増加率は26年のほうが高いです。

前年に対する割合が高いほうが、対前年増加率も高くなるよ（テクニック⑤）。

肢3　平成25年→26年のばらまき型は、492×53%→1,723×86%で、これは5倍以上になりますが、他にそのような年はありませんね。

よって、26年が最も高く、本肢は妥当です。

492→1,723で約3.5倍、53→86で約1.6倍だから、3.5×1.6＝5.6(倍)くらいあるよね。26年以降は、ばらまき型の割合はあまり変わっていないので、メール攻撃件数の増加だけを見ていくと、26年→27年が2倍ちょっとで、他は2倍もないので、明らかに26年が最大だね。

肢4　平成28年→29年は、4,046→6,027で、増加数は2,000に満たないですが、26年→27年は、1,723→3,828で、こちらは2,000以上増加しています。

肢5　平成28年のばらまき型以外は、4,046の10%で、400以上ですが、29年のそれは、6,027の3%で、これは200にも足りません。

よって、29年は前年と比べて減少しています。

3

Basic 6

目標時間 3 分

下のグラフは、日本，中国，アメリカ，ペルーの漁獲高推移をまとめたものである。このグラフから判断できることとして、次のア～ウの正誤の組合せのうち、最も妥当なのはどれか。

出典 東京消防庁Ⅰ類 2019

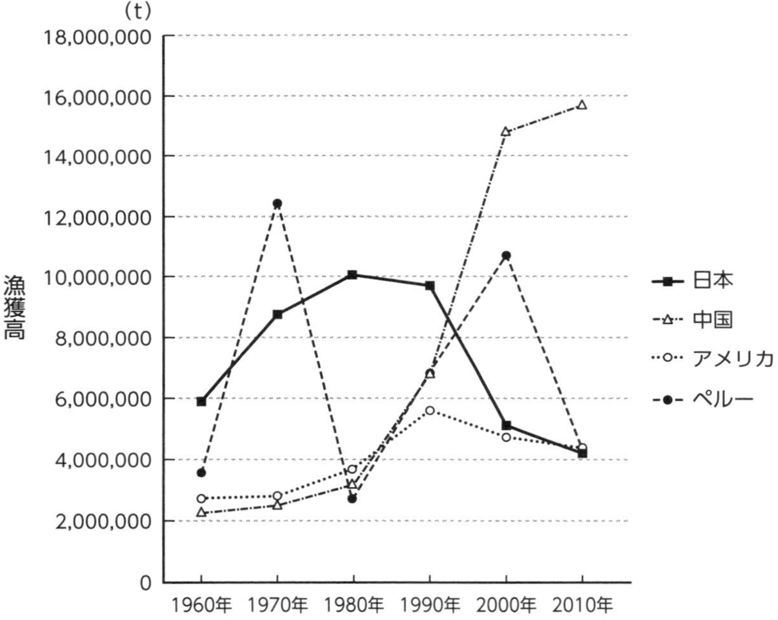

ア　1970 年から 2010 年までの間で、最も対前回比増加率が大きかったのは 2000 年の中国である。

イ　1970 年から 2010 年までの間で、最も対前回比減少率が大きかったのは 1980 年のペルーである。

ウ　1990 年の全世界の漁獲高に占める日本の漁獲高の割合よりも、2010 年の全世界の漁獲高に占める中国の漁獲高の割合の方が高い。

	ア	イ	ウ
1.	正	正	正
2.	正	誤	正
3.	誤	正	誤
4.	誤	正	正
5.	誤	誤	誤

ア　確かに、1990 年 → 2000 年の中国の伸びは大きいですが、約 7,000,000 → 約 15,000,000 で、2 倍ちょっとですね。

同じように、伸びの大きい、1960 年 → 1970 年のペルーを確認すると、約 3,500,000 → 約 12,500,000 で、3 倍以上です。

よって、対前回比増加率は、1970 年のペルーのほうが大きく、アは「誤」です。

ちょっと補足

前回に対する割合が大きいほど、対前回比増加率も大きくなるよ。
巻末付録テクニック⑤を見てね！

イ　1970 年→1980 年のペルーは、約 12,500,000→約 2,500,000 で、$\frac{1}{5}$ くらいまで落ち込んでいます。他にこれほど減少しているところは見あたりませんので、対前回比減少率はここが最も大きく、イは「正」ですね。

100→20 と考えると、減少率は 80%くらいだとわかるね。

肢 3，4 まで絞れたね！

ウ　データは、4 つの国の漁獲高の推移しか与えられていませんので、各年の全世界の漁獲高についてはわかりません。

よって、1990 年の日本の割合と、2010 年の中国の割合は比較できませんので、ウは「誤」となります。

以上より、正解は肢 3 です。

3

ちょっと補足

同じ年なら、漁獲高が多いほうが割合も高いってわかるけど、違う年だと、全世界の漁獲高も違うだろうからね。

Basic 7

目標時間 3 分

次の図はA国とB国の産業別生産額割合を示したものであり、農林・水産業の生産額はA・B両国で同じである。この図から判断して、確実にいえるのは次のうちどれか。

出典 千葉県警察 2002

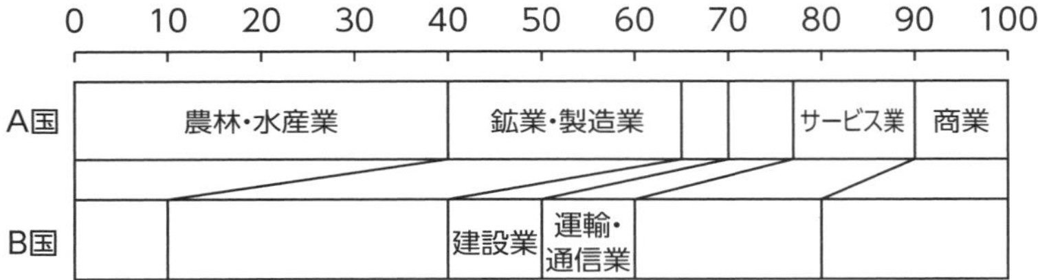

1. 商業の生産額は、B国はA国のおよそ12倍である。
2. A国の鉱業・製造業の生産額はB国の建設業の生産額の2分の1である。
3. B国の総生産額がその割合を変えずに50%減少したとしても、B国の建設業の生産額のほうが、A国のサービス業の生産額よりも多い。
4. A国の総生産額がその割合を変えずに100%増加したとすると、A・B両国の商業の生産額はほぼ等しくなる。
5. A・B両国の総生産額を合計し、産業別割合を見ると、建設業の生産額の割合は20%となる。

A・B両国の農林・水産業の生産額が同じということは、A国の総額の40%と、B国の総額の10%が等しいということですよね。

では、仮にA国の総額を100とすると、農林・水産業の生産額は40ですから、B国の10%＝40となり、B国の総額は400と表せます。

この数値で各肢を検討してみましょう。

肢1 商業の生産額は、A国は構成比をそのまま読めばいいので10、B国のほうは、構成比を4倍して読めばいいですね。20 × 4 = 80 ですから 8 倍です。

肢 2　A 国の鉱業・製造業は 25、B 国の建設業は 10 × 4 = 40 ですから 2 分の 1 にはなりません。

肢 3　B 国の総額を 400 → 200 にすればいいので、構成比を 2 倍して読みましょう。B 国の建設業は 10 × 2 = 20、A 国のサービス業は 15 に満たないですから、本肢は確実にいえますね。

肢 4　今度は A 国の総額を 100 → 200 にして考えましょう。しかし、それでも総額は B 国のほうが大きいですね。さらに商業の構成比も A ＜ B ですから、明らかに B 国のほうが大きくなり、ほぼ等しくなる可能性はないでしょう。

肢 5　建設業の構成比を見てください。A 国 5%、B 国 10% です。ここで、この両国の合計で建設業の構成比が 20% にもなるはずはないでしょう。

ちなみに、てんびん図（テクニック⑧）を使うと、両国を合計した建設業の割合は 9% とわかりますね。

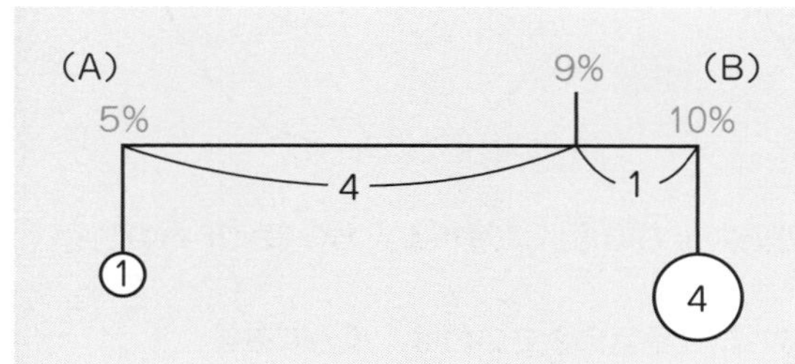

3

B を半分にしても同じなので、肢 3 同様に B の構成比を 2 倍にするだけでも比較は可能だね。

Basic 8

目標時間 3 分

次のグラフは、発電所数と最大出力についてまとめたものである。このグラフからいえることとして、最も妥当なのはどれか。 出典 警視庁 I 類 2021

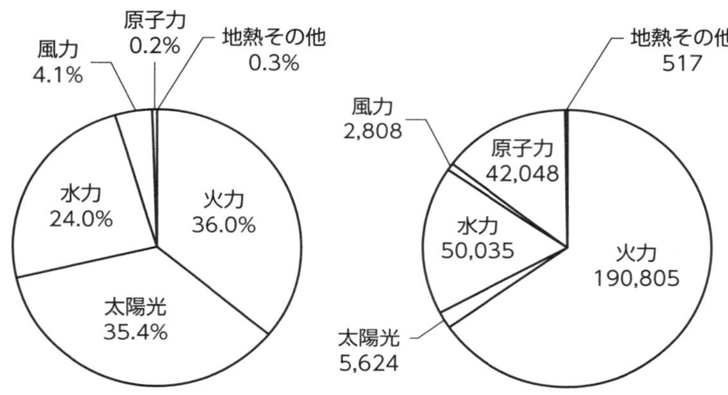

1. グラフ中のすべての発電所の最大出力の合計に対する火力の最大出力の割合は、70% を超えている。
2. 発電所 1 か所当たりの最大出力が 3 番目に大きいのは、風力である。
3. 発電所 1 か所当たりの最大出力が最も小さいのは、地熱その他である。
4. 発電所 1 か所当たりの最大出力をみると、地熱その他に対して原子力は 80 倍を超えていない。
5. 発電所 1 か所当たりの最大出力をみると、風力に対して水力は 2 倍を超えている。

肢 1 火力の最大出力は 190,805 ですが、火力以外の最大出力を合計すると 100,000 を超えますので、火力は全体の $\frac{2}{3}$ に及びません。

よって、70%を超えてはいません。

$\frac{2}{3}$ ≒ 67%だからね。

肢2　発電所（構成比）当たりの最大出力を確認すると、まず、風力については、2,808 ÷ 4.1 で、これは 700 に足りません。

また、原子力のそれは 42,048 ÷ 0.2 で 210,000 強、地熱その他は 517 ÷ 0.3 で 1,700 強、火力は 190,805 ÷ 36.0 で 5,000 強となり、いずれも風力より大きいです。

よって、3 番目に大きいのは風力ではありません。

肢3　肢 2 の解説より、地熱その他より風力のほうが小さいです。

肢4　肢2の解説より、原子力は210,000強ですから、地熱その他の 1,700 強の 80 倍を超えています。

肢5　肢 2 の解説より、風力は 700 未満ですが、水力について同様に確認すると、50,035 ÷ 24.0 で 2,000 以上ですから、風力の 2 倍を超えています。

よって、本肢は妥当です。

正解 5

ちょっと補足

比較するだけだから、構成比のままで十分！

42,048 ÷ 0.2 = 420,480 ÷ 2 として計算すればいいね。

ちょっと補足

グラフの大きさ（角度）を見て、発電所数に対する最大出力が大きいところに着目しよう！

太陽光はもっと小さいね。

Basic 9

目標時間 4 分

次の図から正しくいえるのはどれか。　　　出典 東京都キャリア活用 2020

日本におけるスパークリングワインの5か国からの輸入数量の推移

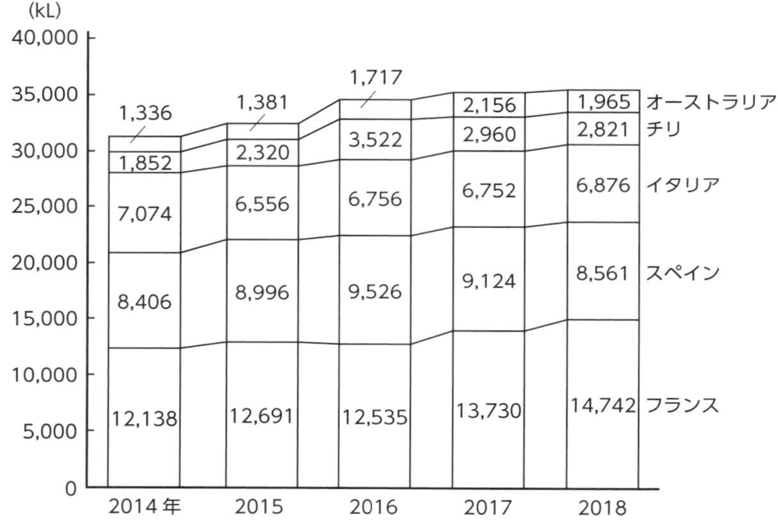

1. 2014年から2018年までの各年についてみると、5か国からの輸入数量の合計に占めるイタリアからの輸入数量の割合は、いずれの年も20%を下回っている。
2. 2014年におけるフランス及びイタリアからの輸入数量の計を100とすると、2018年におけるフランス及びイタリアからの輸入数量の計の指数は110を上回っている。
3. 2015年から2017年までの各年についてみると、スペインからの輸入数量に対するオーストラリアからの輸入数量の比率は、いずれの年も0.2を上回っている。
4. 2016年から2018年までの3か年におけるチリからの輸入数量の1年当たりの平均は、3,000kLを下回っている。
5. 2018年における輸入数量の対前年増加率を国別にみると、最も小さいのはスペインであり、次に小さいのはオーストラリアである。

肢 1　2014 年のイタリアは 7,074 で、合計は 30,000 強ですから、20%を超えています。

これの 20%は 6,000 ちょいで十分だからね。

肢 2　2014 年と 2018 年のフランスとイタリアの計を計算しましょう。

2014 年　12,138 + 7,074 = 19,212
2018 年　14,742 + 6,876 = 21,618

とりあえず、ざっくりと計算して、判断できれば OK！

2014 年 → 2018 年の増加数は 2,000 以上ありますので、2014 年の 1 割以上増加しており、2018 年の指数は 110 を上回ります。

よって、本肢は正しくいえます。

肢 3　2015 年のオーストラリアは 1,381 で、スペインは 8,996 ですから、比率は 0.2 には及びません。

これの 0.2 は 1,700 以上必要だよね。

肢 4　2016 年～2018 年のチリについて、3,000 との過不足を確認します。2017 年は 2,960 、2018 年は 2,821 で、それぞれ 40 , 179 の不足となり、不足分の合計は 200 強ですが、2016 年は 3,522 で 522 の超過ですから、超過のほうが多く、平均は 3,000 を下回りません。

肢 5　2017 年 → 2018 年のスペインは、9,124 → 8,561 で、500 ～ 600 減少しており、これは 9,124 の 6%程度ですから、増加率は－6%程度です。

一方、オーストラリアは、2,156 → 1,965 で、200 近く減少しており、これは 2,156 の 9%程度ですから、増加率は－9%程度です。

よって、対前年増加率は、スペイン>オーストラリアとなり、最も小さいのはスペインではありません。

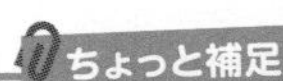

最も小さいのはオーストラリア、次がスペインで、その次がチリだね。

正解 2

スペイン
(9,124－8,561)÷9,124≒0.062
オーストラリア
(2,156－1,965)÷2,156≒0.089
チリ
(2,960－2,821)÷2,960≒0.047

Basic 10

目標時間 4 分

図Ⅰ，Ⅱは、1986 年を 1 とした場合の、A 国における男性の家事及び育児に従事した者の割合の推移とA 国における男性の家事及び育児の総平均従事時間（1 日当たり）の推移を、図Ⅲは、A 国の 2011 年における男性 1 人当たりの家事の行動の種類別総平均時間（1 日当たり）を示したものである。これらから確実にいえるのはどれか。

出典 国家専門職 2018

図Ⅰ 男性の家事及び育児に従事した者の割合の推移

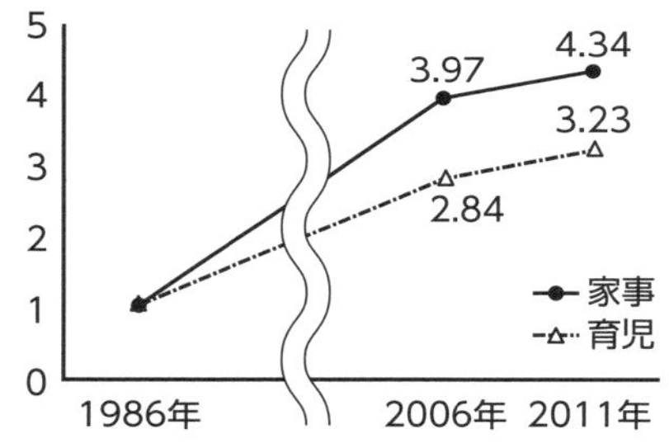

図Ⅱ 男性の家事及び育児の総平均従事時間の推移

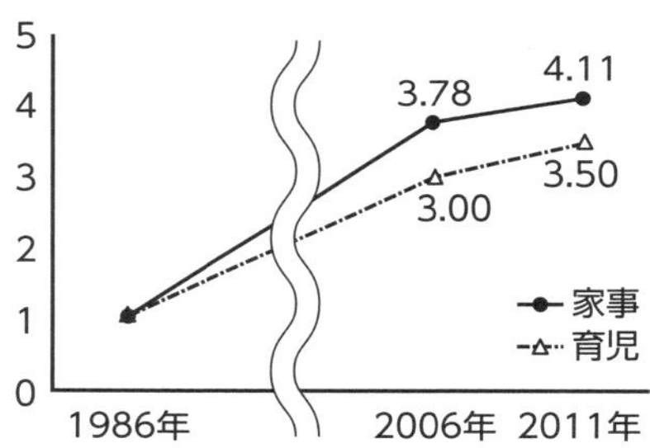

図Ⅲ　2011 年における男性の家事の行動の種類別総平均時間

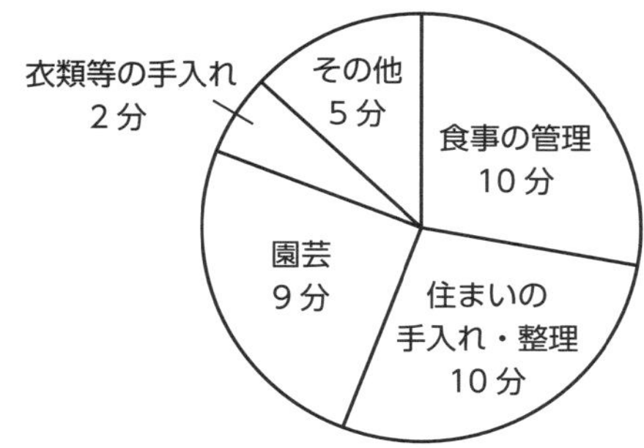

1．1986 年における男性の家事の総平均従事時間は、10 分以下である。
2．2006 年における男性の育児の総平均従事時間は、10 分以上である。
3．2011 年に男性が「食事の管理」に従事した総平均時間は、1986 年のそれの 4 倍以上である。

4．2011 年に育児に従事した男性の割合は、1986 年に家事に従事した男性の割合よりも高い。

5．家事に従事した男性に限ると、2011 年の家事の平均従事時間は、1986 年のそれの 4 倍以上である。

肢 1　図Ⅲより、2011 年の家事の総平均従事時間は、10 ＋ 10 ＋ 9 ＋ 2 ＋ 5 ＝ 36（分）ですが、図Ⅱより、1986 年は、これの $\frac{1}{4.11}$ ですから、明らかに 10 分以下です。

よって、本肢は確実にいえます。

肢 2　育児の総平均従事時間については、図Ⅲのようなデータがないので、判断できません。

肢 3　1986 年の図Ⅲのようなデータはないので、行動の種類ごとの時間の推移は、判断できません。

肢 4　図Ⅰは、家事と育児のそれぞれについて、従事した男性の割合の推移を表していますので、家事と育児の割合を比較することはできません。

肢 5　1986 年 → 2011 年で、男性の家事の総平均従事時間は、図Ⅱより 4.11 倍になっていますが、図Ⅰより、家事に従事した男性の割合も 4.34 倍になっています。すなわち、家事に従事した男性 1 人当たりの平均従事時間は、$\frac{4.11}{4.34}$ 倍になっており、あまり変わっていませんね。

ナットクいかない方はこちら

なんとなくわかればOKだけど、一応、きちんと計算してみるね。

1986 年の男性の人口を X、2011 年の男性の人口を Y とするよ。

まず、全男性について、家事に従事した平均時間を、1986 年を a とすると、2011 年は $4.11a$ だね（ここは図Ⅲから時間がわかるけど、一応 a で表しておくよ）。

そうすると、全男性が家事に従事した総時間数（①）は、平均×人口より、

1986 年 → aX

2011 年 → $4.11a$Y

となる。また、家事に従事した男性の割合は、1986 年を b とすると、2011 年は $4.34b$ だから、家事に従事した男性の人数（②）は、人口×割合より、次のようになる。

1986 年 → bX

2011 年 → $4.34b$Y

これより、家事に従事した男性 1 人当たり平均時間（①÷②）は、

1986年→ $\frac{aX}{bX} = \frac{a}{b}$

2011年→ $\frac{4.11aY}{4.34bY} = \frac{4.11a}{4.34b}$

となり、2011 年は 1986 年の $\frac{4.11}{4.34}$ 倍となるわけだ！

LEVEL 1

Basic 11

目標時間 4 分

次の表から確実にいえるのはどれか。　　出典 特別区Ⅰ類 2018

国民 1 人当たりの食料の消費量の推移

（単位　kg）

区　分	平成 23 年度	24	25	26	27
畜産物	134.8	136.2	135.9	136.5	138.7
野　菜	90.9	93.5	91.7	92.2	90.7
穀　類	92.0	90.6	91.1	89.9	88.8
果　実	37.1	38.3	36.8	36.0	34.9
魚介類	28.5	28.9	27.4	26.6	25.7

1．平成 25 年度から平成 27 年度までの各年度における魚介類の消費量の対前年度減少量の平均は、1.0kg を下回っている。
2．果実の消費量の平成 24 年度に対する平成 27 年度の減少量は、穀類の消費量のそれの 2 倍を上回っている。
3．表中の各年度とも、畜産物の消費量は、魚介類の消費量の 5 倍を下回っている。
4．平成24年度の果実の消費量を100としたときの平成27年度のそれの指数は、90 を下回っている。
5．表中の各区分のうち、平成 26 年度における消費量の対前年度減少率が最も大きいのは、魚介類である。

肢 1　魚介類は、平成 24 年度 → 27 年度の 3 年間で 28.9 − 25.7 = 3.2 減少しています。そうすると、1 年当たりの減少量の平均は 1.0 を超えますね。

対前年減少量を 1 年ずつ出さなくても、3 年間で減った分を 3 で割ればいいね。

肢 2　果実と穀類について、平成 24 年度 → 27 年度の減少量を計算すると、次のようになります。

果実　38.3 − 34.9 = 3.4
穀類　90.6 − 88.8 = 1.8

よって、果実は穀類の 2 倍に及びませんね。

本問の数値はわりと小さいので、あれこれ考えるより計算しちゃったほうがラクかも！

肢 3　平成 27 年度の魚介類を 5 倍すると、25.7 × 5 = 128.5 ですから、この年の畜産物は魚介類の 5 倍を上回っています。

肢 4　肢 2 の計算より、果実は平成 24 年度 → 27 年度で 3.4 減少していますが、24 年の 38.3 の 1 割に足りません。

よって、1 割まで減少していませんので、27 年度の指数は 90 を下回りません。

肢 5　平成 25 年度 → 26 年度で、魚介類は 27.4 − 26.6 = 0.8 減少していますので、減少率は $\frac{0.8}{27.4}$ となります。

その他の区分で減少しているのは穀類と果実で、同様に減少率を表して魚介類と比較すると、次のようになります（テクニック②）。

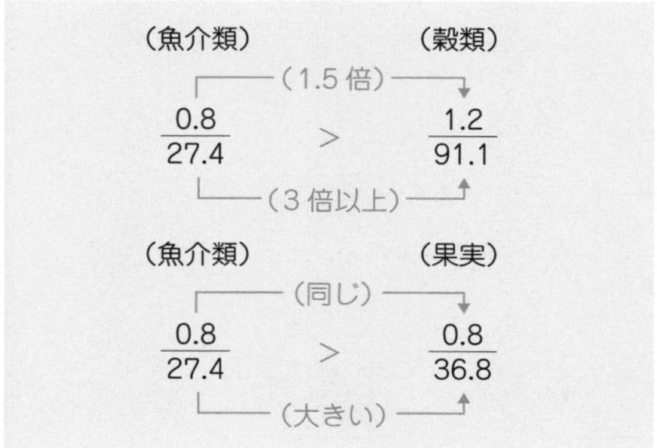

よって、減少率が最も大きいのは魚介類とわかり、本肢は確実にいえます。

26 年度も、26.6 × 5 = 133 だから、5 倍以上あるね。

Basic 12

目標時間 3 分

図は、A～Fまでの6か国における社会保障給付費について、「医療」,「年金」,「福祉その他」の3つの給付内容に分類して、それぞれがその国の社会保障給付費全体に占める割合を三角図表にしたものである。

この図表からいえることとして正しいのは、次のうちどれか。

出典 裁判所事務官 2002

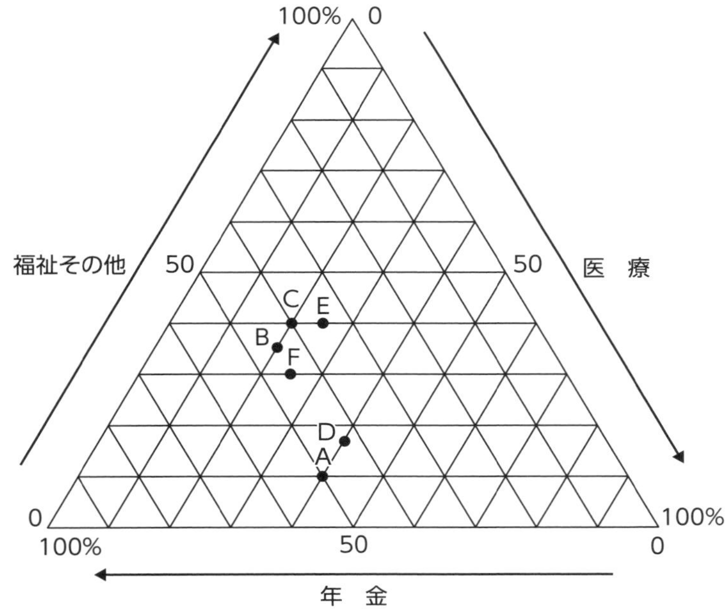

1. 「福祉その他」の占める割合が2割以下の国はない。
2. C国の「医療」の給付額は、F国の「医療」の給付額よりも少ない。
3. 社会保障給付費の対国民所得比は、いずれの国でも急増している。
4. B国では、「年金」の占める割合が最も高い。
5. いずれの国でも「医療」の占める割合が「年金」の占める割合を超えている。

はじめに、三角グラフの読み方を説明しておきましょう。

図１のように、甲，乙，丙の３項目について、甲は、底辺ＢＣを０%、頂点Ａを100%（矢印が０→100を意味します）として、その点の位置が構成比を示すことになります。つまり、図中の点Ｐにおける甲の構成比は三角形の１辺に占める a の割合にあたるわけです。

同様に、乙の構成比は辺ＡＣを０%、頂点Ｂを100%として見るわけで、点Ｐにおける乙の構成比は１辺に占める b の割合、また、丙の構成比は c の割合が示すことになります。

そして、さらに図２を見てください。三角形を分割してできたそれぞれの図はいずれも平行四辺形か正三角形ですから、図中で印をつけた辺の長さはそれぞれ等しく、a，b，c の長さは合計で三角形の１辺を示します。すなわち、図中のどの位置に点を取っても、３項目の構成比は合計で100%になるわけです。

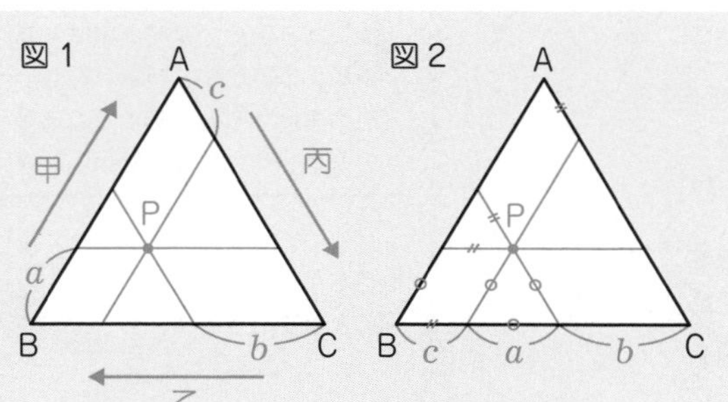

では、ここから選択肢を検討します。

肢１　「福祉その他」は底辺から頂点に向けて上がっていく（図１の甲にあたる）項目ですから、Ａ国とＤ国が２割を下回っているのがわかりますね。

肢２　データは各国の構成比のみですから、Ｃ国とＦ国で「給付額」を比較することはできませんね。

肢３　このデータには国民所得比を検討できる要素はありません。

肢４　Ｂ国の構成比を読み取ると、「福祉その他」が約35％、「年金」が約45％、「医療」が20％とわかります。本肢は正しいですね。

肢５　肢４の結果でもわかりますし、適当な国の数値を１つ読んでも、医療＜年金なのはわかるでしょう。

ちなみに、このような場合で簡単にわからなければ、医療と年金の構成比が等しい点をいくつか取って結んでみてください。図３のような線になることがわかります。

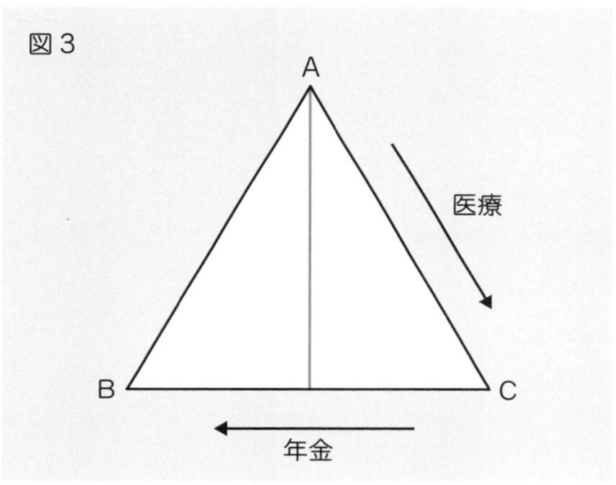

年金は辺ＡＣからの距離、医療は辺ＡＢからの距離を意味するよね。２辺からの距離が等しい点の集合はその２辺でつくる角の２等分線になるんだよ。

あとはこの線より左側が年金＞医療ですし、右側は年金＜医療なので、ここではすべての国が年金の割合のほうが大きいことがわかりますね。

適当な点の数値を読み取ると確認できるね。

4

MEMO

Basic 13

目標時間 3 分

次の三角グラフは、A国～H国の8か国の産業別人口構成比を示したものである。この三角グラフから言えることとして、最も妥当なのはどれか。

出典 警視庁Ⅰ類 2017

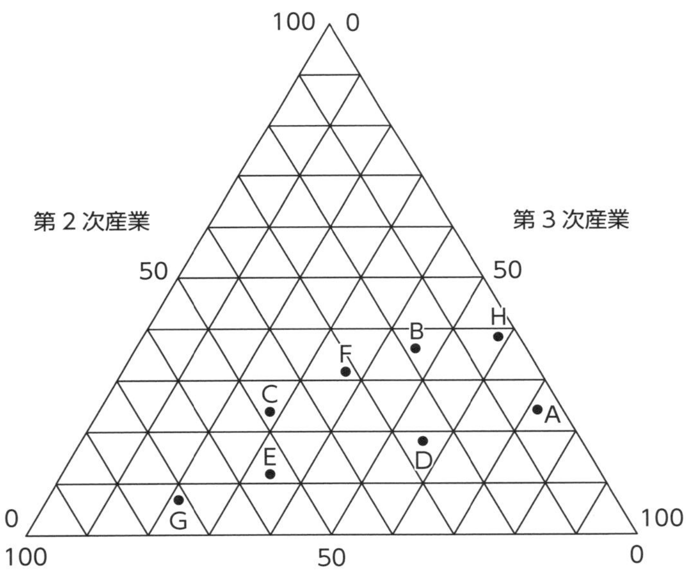

1．第1次産業の人口構成比が最も低い国はG国である。
2．第1次産業の人口構成比が第3次産業のそれよりも高い国は3か国ある。
3．E国の第2次産業の人口とF国のそれを比べると、F国の方が多い。
4．第3次産業の人口構成比がB国より高い国はH国のみである。
5．第3次産業の人口構成比が第2次産業のそれよりも低い国は8か国ある。

前問に続き、三角グラフの問題をもう１問練習しましょう。与えられた三角グラフを図１のように△ＰＱＲとしますよ。

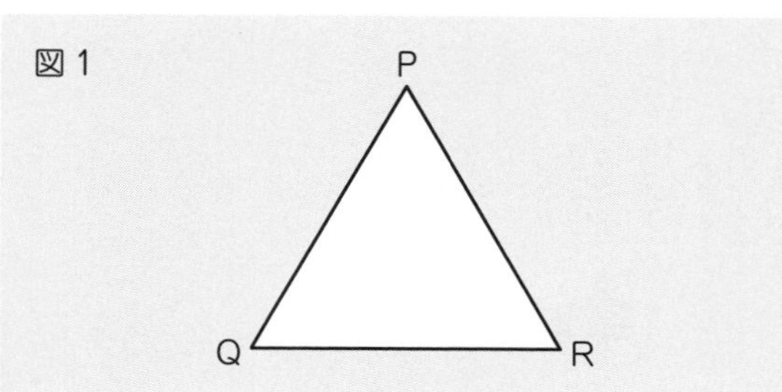

肢１　第１次は、図１の辺 PR が０％、頂点Ｑが100％ですから、Ｇの構成比を読み取ると 70％以上で、８か国で最も高いですね。

肢２　前問の肢５と同様に、第１次と第３次の構成比が等しい点を結ぶと、図２のようになります。

第１次 ＞ 第３次となるのは、この線より左側なので、Ｃ，Ｅ，Ｇの３か国で、本肢は妥当です。

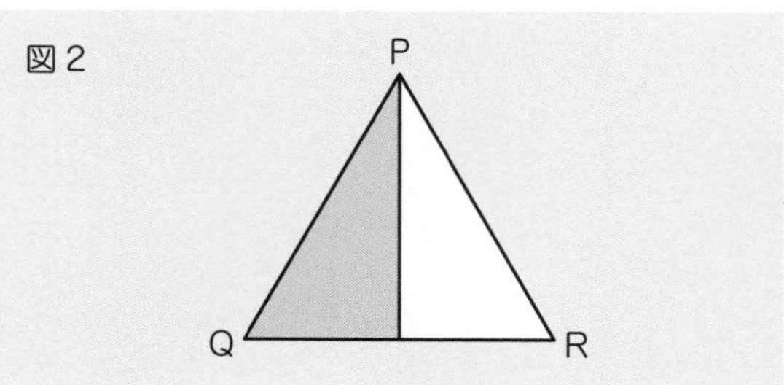

第１次はＰＲからの距離、第３次はＰＱからの距離だから、ＰＲとＰＱがつくる角、つまり、∠Ｐの二等分線になるね。

肢３　データは、各国の産業別構成比を表したもので、ここから、Ｅ国とＦ国の産業人口を比較することはできません。

肢４　Ｂ国の第３次は約 45％で、これより高いのは、Ａ，Ｄ，Ｈの３か国があります。

肢５　肢２と同様に、第２次と第３次の構成比が等しい点を結ぶと、図３のようになり、第２次＞第３次となるのはこの線より左上ですから、１か国もありません。

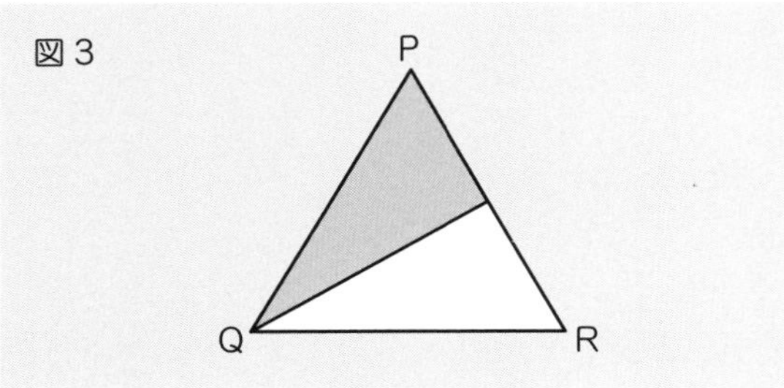
図3
P
Q
R

正解
2

MEMO

Basic 14

目標時間 4 分

次の表は、2019 年の関東地方における工業統計表（製造業）である。この表からいえるア～ウの記述の正誤の組合せとして、最も妥当なのはどれか。

出典 警視庁Ⅰ類 2022

	事業所数	従業者数（人）	現金給与総額（百万円）	原材料使用額等（百万円）	製造品出荷額等（百万円）
茨城県	4,927	272,191	1,325,925	7,647,968	12,581,236
栃木県	4,039	203,444	948,677	5,027,819	8,966,422
群馬県	4,480	210,730	948,744	5,548,067	8,981,948
埼玉県	10,490	389,487	1,681,855	8,387,481	13,758,165
千葉県	4,753	208,486	992,951	8,390,915	12,518,316
東京都	9,887	245,851	1,190,968	4,030,463	7,160,755
神奈川県	7,267	356,780	1,862,938	11,453,015	17,746,139

ア　表中の 7 都県の事業所数の合計に対する事業所数上位 3 都県の合計の割合は、50％以上である。
イ　従業員 1 人あたりの現金給与額が最も多いのは神奈川県である。
ウ　製造品出荷額等に対する原材料使用額の割合が最も少ないのは千葉県である。

	ア	イ	ウ
1．	誤	正	正
2．	正	誤	誤
3．	正	正	正
4．	正	正	誤
5．	誤	誤	誤

ア　事業所数上位 3 都県は、埼玉県，東京都，神奈川県で、事業所数の合計は、10,490 ＋ 9,887 ＋ 7,267 ですから、これは、27,000 を超えます。

一方、その他の 4 県の事業所数は、いずれも 5,000

に及びませんので、合計は 20,000 に及びません。

よって、上位３都県で７都県の半数以上を占めますので、割合は 50％以上となり、アは「正」です。

イ　栃木県，群馬県，千葉県について見ると、現金給与総額は 1,000,000 未満ですが、従業者数は 200,000 以上なので、「現金給与総額 ÷ 従業者数」は５に足りません。同様に、茨城県，埼玉県，東京都についても、現金給与総額は「従業者数 × 5」に及ばず、「現金給与総額 ÷ 従業者数」は５に足りません。

残る、神奈川県の現金給与総額は「従業者数 × 5」を超えており、「現金給与総額÷従業者数」は５を上回ります。

よって、神奈川県のみ、従業者１人当たりの現金給与額が５（百万円）を超え、最も多いとわかり、イは「正」です。

ナットクいかない方はこちら

270,000 × 5 = 1,350,000
380,000 × 5 = 1,900,000
240,000 × 5 = 1,200,000
から判断できるでしょ！

ナットクいかない方はこちら

360,000 × 5 = 1,800,000
から判断できるね。

ウ　茨城県及び埼玉県は、製造品出荷額等は千葉県より多いですが、原材料使用額等は千葉県より少ないので、前者に対する後者の割合は千葉県より少ないとわかります。

よって、最も少ないのは千葉県ではなく、ウは「誤」です。

以上より、正解は肢４です。

4

Basic 15

目標時間 4 分

次の図は、詐欺によるトラブルについてある地域の消費者相談センターに寄せられた相談件数、および現金を「支払ってしまった」という相談件数、並びに「支払ってしまった」と相談してきたものについて1件あたりの平均支払金額を示している。この図から確実にいえることとして、正しいものは次のうちどれか。

出典 地方上級 2016

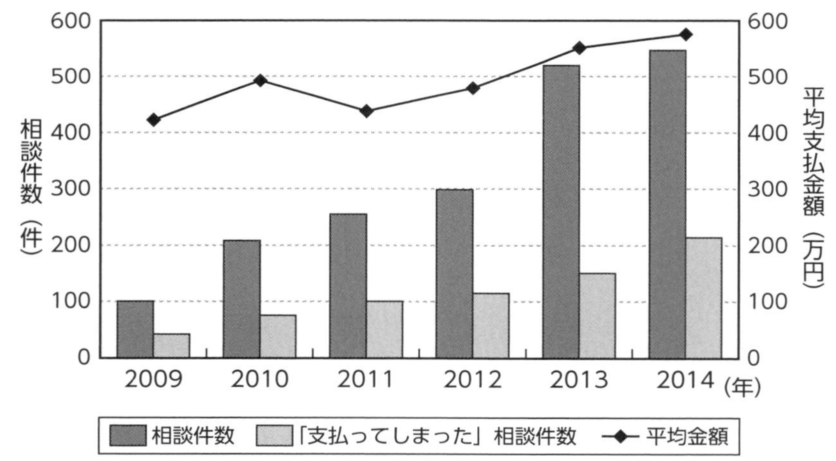

1. 2009年から2014年の6年間の相談件数の合計は2,000件を超えている。
2. 2010年から2014年において相談件数の対前年増加率は2013年が最も大きい。
3. 2009年から2014年において、相談件数に対する「支払ってしまった」相談件数の割合は2012年が最も大きい。
4. 2010年から2014年のいずれの年においても、「支払ってしまった」以外の相談件数は前年よりも増加している。
5. 2009年から2014年にかけて、「支払ってしまった」金額の総額は年々増加している。

肢 1　6 年間の合計が 2,000 だと、平均は約 333 ですね。グラフを見る限り、やや微妙ですし、大した計算ではないので、ここは素直に計算しましょう。

側注の電卓部屋のとおり、2,000 にやや足りないですね。

肢 2　前年に対する割合を確認します（テクニック⑤）。2012 年 → 2013 年の相談件数は、300 → 520 で 2 倍まで増えていませんが、2009 年 → 2010 年では、100 → 210 で 2 倍以上になっており、2010 年のほうが増加率は大きいと判断できます。

肢 3　2012 年の相談件数は約 300 で、「支払ってしまった」は約 110 ですから、その割合は 4 割にやや及びませんね。

一方、2009 年の相談件数は約 100 、「支払ってしまった」は約 40 で、およそ 4 割です。

よって、割合が最も大きいのは 2012 年ではありません。

肢 4　2013 年の相談件数は約 520 、「支払ってしまった」は約 150 ですから、「支払ってしまった」以外は、約 520 − 150 = 370 ですが、2014 年のそれは、約 550 − 210 = 340 で、この年は前年より増えていません。

肢 5　「支払ってしまった」金額の総額は、「支払ってしまった」件数 × 1 件当たり支払金額で求められます。

件数のほうは年々増加していますが、金額は 2010 年 → 2011 年のみ減少していますので、この年だけ確認します。2010 年の件数は約 80 で、金額は 500 にやや足りませんので、総額は 40,000 にやや足りません。また、2011 年の件数は約 100 で、金額は約 430 ですから、総額は約 43,000 で、前年より増加しています。

その他の年はいずれも、件数、金額とも増加ですから、総額は増加しており、本肢は正しくいえます。

5

小太郎の電卓部屋

100 + 210 + 260 + 300 + 520 + 550 = 1,940

ここはちょっと微妙だけど、2012 年が最も大きいとはいえないよね !?

Basic 16

目標時間 4 分

図Ⅰ，Ⅱは、ある地域における防災に関する意識調査の結果を示したものである。これらから確実にいえるのはどれか。

出典 国家一般職 2019

図Ⅰ　災害対策について

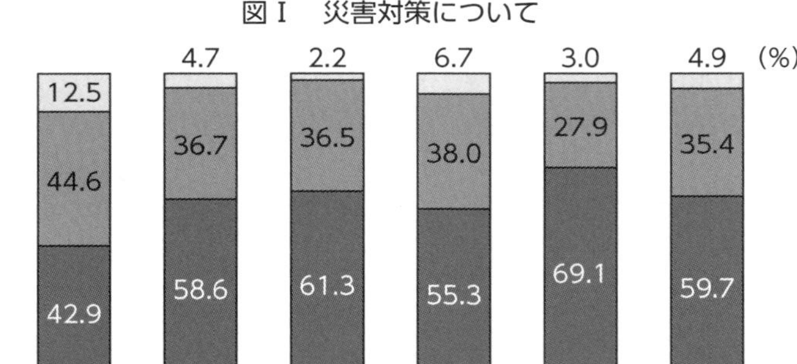

回答者数	29歳以下	30歳台	40歳台	50歳台	60歳以上	全体
	56名	128名	137名	150名	165名	636名

□ 分からない　■ 対策をとっていない　■ 対策をとっている

図Ⅱ　具体的な対策内容
（「対策をとっている」と回答した者のみ・複数回答可）

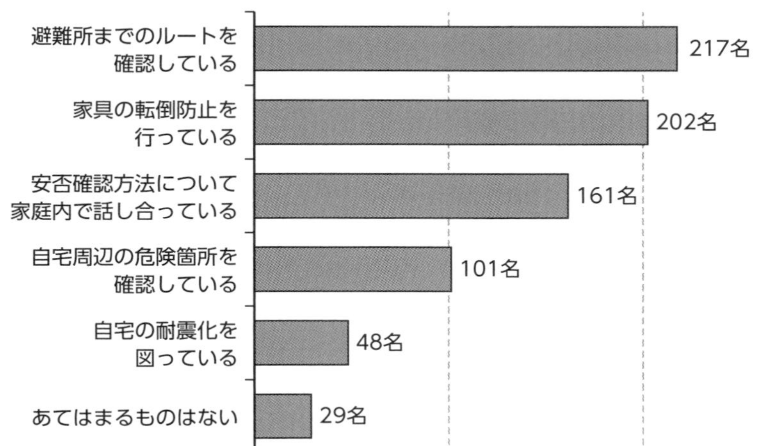

1．「対策をとっていない」と回答した者のうち、39 歳以下が占める割合は、50%を超えている。
2．29 歳以下で「対策をとっている」と回答した者は、50 歳台で「分からない」と回答した者より少ない。
3．調査に回答した者全体のうち、「避難所までのルートを確認している」と回答した者が占める割合は、30%より少ない。
4．「対策をとっている」と回答した者のうち、「あてはまるものはない」と回答した者以外は全員複数回答をしている。
5．「対策をとっている」と回答した者のうち半数以上は、「家具の転倒防止を行っている」と回答した。

肢 1　「対策をとっていない」と回答したのは、全体 636 名の 35.4%で、これは 200 名以上ですね。

35.4%は$\frac{1}{3}$以上だからね。

また、39 歳以下の回答者数は、29 歳以下 ＋ 30 歳台＝ 56 ＋ 128 ＝ 184（名）ですが、どちらの年齢階層も「対策をとっていない」は 50%未満ですから、その人数は 100 名には及びません。

よって、39 歳以下の割合は 50%に及びません。

肢 2　29 歳以下の「対策をとっている」は 56 名の 42.9%ですから、20 名以上いますね。

一方、50 歳台の「分からない」は 150 名の 6.7%で、これは 10 名です。

よって、前者のほうが多いですね。

肢 3　「避難所までのルート…」は 217 名で、全体 636 名の$\frac{1}{3}$以上ですから、30%を超えます。

肢 4　1 つの項目しか選ばなかった人がいる可能性はありますので、このようなことはいえません。

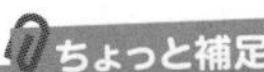

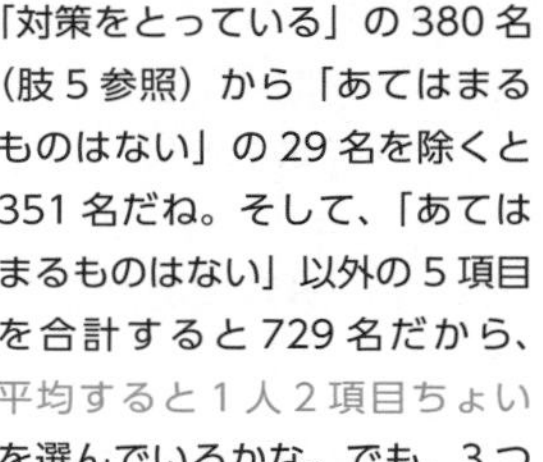

「対策をとっている」の 380 名（肢 5 参照）から「あてはまるものはない」の 29 名を除くと 351 名だね。そして、「あてはまるものはない」以外の 5 項目を合計すると 729 名だから、平均すると 1 人 2 項目ちょいを選んでいるかな。でも、3 つ以上選んだ人もいれば、1 つしか選ばなかった人もいる可能性は十分あるよね。

肢 5　「対策をとっている」は 636 × 59.7% ≒ 380（名）で、「家具の転倒…」は 202 名ですから、半数以上になりますね。よって、本肢は確実にいえます。

5

Basic 17

目標時間 4 分

次の表から確実にいえるのはどれか。 特別区経験者 2021

輸送機関別貨物輸送量の推移

（単位　100 万トンキロ）

区　分	平成 26 年度	27	28	29	30
自動車	210,008	204,316	210,314	210,829	210,467
鉄　道	21,029	21,519	21,265	21,663	19,369
内　航	183,120	180,381	180,438	180,934	179,089
航　空	1,050	1,056	1,057	1,066	977

1．平成 27 年度において、自動車の貨物輸送量の対前年度減少量は、内航の貨物輸送量のそれの 2 倍より小さい。
2．表中の各区分のうち、平成 29 年度における輸送機関別貨物輸送量の対前年度増加率が最も大きいのは、航空である。
3．平成 30 年度において、鉄道の貨物輸送量の対前年度減少率は、航空の貨物輸送量のそれより小さい。
4．表中の各年度とも、内航の貨物輸送量は、鉄道の貨物輸送量の 9 倍を下回っている。
5．平成 27 年度から平成 30 年度までの各年度における自動車の貨物輸送量の対前年度増加量の平均は、1 億 5,000 万トンキロを下回っている。

肢 1　平成 26 年度→27 年度の自動車は、210,008→204,316 で、5,600 以上減少しています。

一方、内航のそれは、183,120→180,381 で、2,800 まで減少していません。

よって、自動車の減少量は内航の 2 倍より大きいです。

肢 2　平成 28 年度→29 年度の航空は、1,057→1,066 で、9 増加しており、増加率は 1％に足りません。

一方、鉄道のそれは、21,265→21,663 で、400

程度増加しており、増加率は1%以上です。
よって、増加率が最も大きいのは航空ではありません。

肢3　平成29年度→30年度の鉄道は、21,663→19,369で、2,300程度減少しており、減少率は10%を超えます。
一方、航空のそれは、1,066→977で、90程度の減少ですから、減少率は10%に足りません。
よって、減少率は鉄道のほうが大きいです。

肢4　平成30年度の鉄道は19,369で、これの9倍は175,000に足りません。しかし、同年度の内航は179,089ですから、鉄道の9倍を上回っています。

19,400×9＝174,600
だからね。

肢5　平成26年度→30年度の自動車は、210,008→210,467ですから、4年間で459増加しています。
そうすると、各年度の平均は459÷4≒115で、150（100万トンキロ）＝1億5000万トンキロを下回っています。
よって、本肢は確実にいえます。

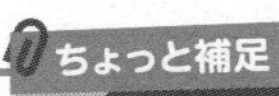

各年度の増加量を計算する必要はないよ。
4年分を合計すると同じになるからね。

5

LEVEL 1 Basic 18

目標時間 4 分

次の表は平成 29 年度の一番茶の府県別摘採面積，生葉収穫量，荒茶生産量および対前年産比を示したものである。この表からいえることとして、最も妥当なのはどれか。

出典 警視庁Ⅰ類 2018

府県	摘採面積（ha）	生葉収穫量（t）	荒茶生産量（t）	対前年産比（%）		
				摘採面積	生葉収穫量	荒茶生産量
埼玉県	615	2,180	457	90	89	88
静岡県	15,600	53,500	11,000	98	90	91
三重県	2,720	12,900	2,560	98	89	89
京都府	1,410	7,120	1,460	99	95	94
奈良県	642	4,300	1,010	101	102	102
鹿児島県	7,930	41,100	7,880	101	105	106

1．平成 28 年度における埼玉県の摘採面積は 700ha を超えている。
2．平成 29 年度における 1 府 5 県の荒茶生産量の平均は、3,000t に満たない。
3．平成 29 年度の生葉収穫量についてみると、鹿児島県の生葉収穫量は 1 府 5 県のそれの合計の 30%に満たない。
4．平成 28 年度における静岡県の摘採面積当たりの生葉収穫量は、平成 29 年度におけるそれを上回っている。
5．平成 28 年度における京都府の荒茶生産量は、1,400t を下回っている。

肢 1　埼玉県の摘採面積の対前年産比は 90%ですから、前年度（平成 28 年度）の摘採面積が 700 を超えているなら、29 年度は 700 × 0.9 ＝ 630 を超えているはずです。しかし、29 年度のそれは 615 ですから、28 年度は 700 を超えていないと判断できます。

もちろん、615 ÷ 0.9 から判断しても OK！

肢 2　静岡県と鹿児島県の荒茶生産量の合計だけで 18,000 を超えていますので、1 府 5 県の平均は 3,000 を超えます。

肢 3　生葉収穫量の合計をざっくり計算すると、

120,000程度ですから、鹿児島県の41,100は$\frac{1}{3}$程度を占めますので、30%を上回ると判断できます。

肢4　平成29年度の静岡県の対前年産比を見ると、摘採面積は98%、生葉収穫量は90%ですから、摘採面積当たりの生葉収穫量は前年より減少しています。

よって、28年度のほうが29年度より多く、本肢は妥当です。

肢5　京都府の荒茶生産量の対前年産比は94%で、前年度より減少しています。すなわち、平成28年度は、29年度の1,460より多かったわけですから、1,400を下回ってはいません。

小太郎の電卓部屋

生葉収穫量の合計
2,180 + 53,500 + 12,900 + 7,120 + 4,300 + 41,100 = 121,100
鹿児島県の割合
41,100 ÷ 121,100 ≒ 0.339

前年の$\frac{90}{98}$倍になったわけだね。

Basic 19

目標時間 4 分

次のグラフは、我が国の全人口に占める年少人口の割合と全人口に占める生産年齢人口の割合を５年ごとの推移で示したものである。このグラフからいえることとして、最も妥当なのはどれか。ただし、年少人口と生産年齢人口と老年人口をすべて合計した値が全人口であるものとする。　出典 警視庁Ⅰ類 2019

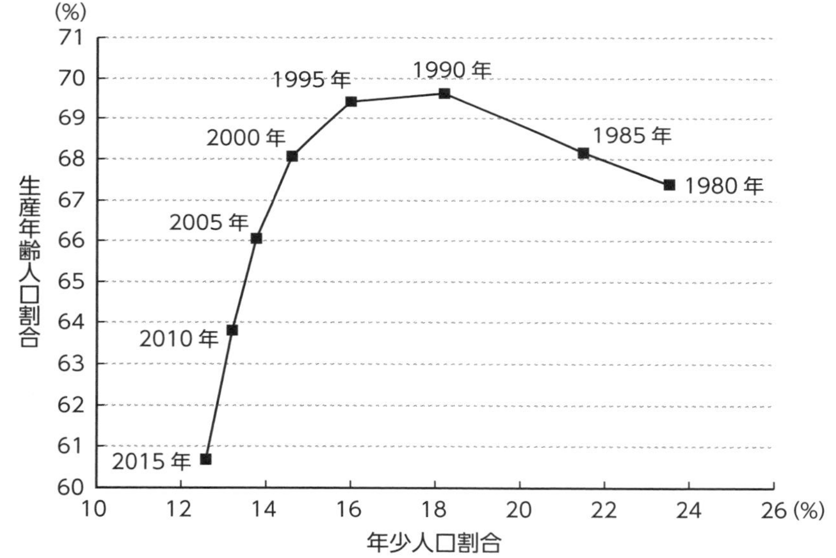

1．調査の年ごとに、年少人口は減少している。
2．生産年齢人口数が最も多いのは、1990 年である。
3．1985 年以降において、全人口に占める老年人口の割合は、調査の年ごとに増加している。
4．年少人口に対する生産年齢人口の比率が最も高いのは、1980 年である。
5．生産年齢人口に対する老年人口の比率が最も低いのは、1995 年である。

肢1　データでは、各年の人口割合しか与えられていませんので、ここから、年少人口数の推移は判断できません。

肢2　肢1と同様、判断できません。

肢3　老年人口の割合は、年少人口と生産年齢人口の割合を100%から引いて求められます。

1985年の年少人口は約21.5%、生産年齢人口は約68.2%で、合わせて約89.7%ですから、老年人口は約10.3%となります。同様に、1990年のそれは、100 −（18.2 + 69.7）= 12.1（%）で、1985年より増加していますね。

また、1995年以降については、年少人口、生産年齢人口の割合はいずれも調査年ごとに減少していますので、老年人口の割合が増加し続けているのがわかります。

よって、本肢は妥当です。

肢4　1980年→1985年で、年少人口の割合は減少し、生産年齢人口の割合は増加していますので、年少人口に対する生産年齢人口の比率は、1980年より1985年のほうが高いとわかります。

よって、最も高いのは1980年ではありません。

肢5　1990年→1995年で、生産年齢人口の割合は減少していますが、肢3より、老年人口の割合は増加しています。よって、生産年齢人口に対する老年人口の比率は、1990年より1995年のほうが高いので、最も低いのは1995年ではありません。

3

Basic 20

目標時間 4 分

次の表は、世界の米生産量の推移を示したものである。この表から確実に言えることとして最も妥当なものはどれか。 出典 裁判所職員 2018

世界の米生産量（モミ量）

（単位：千 t）

	2010 年	2011 年	2012 年	2013 年	2014 年
中国	195,761	201,001	204,236	203,612	206,507
インド	143,963	157,900	157,800	159,200	157,200
インドネシア	66,469	65,757	69,056	71,280	70,846
バングラデシュ	50,061	50,627	50,497	51,534	52,326
ベトナム	40,006	42,398	43,738	44,040	44,974
タイ	34,409	36,128	38,000	36,762	32,620
ミャンマー	32,580	29,010	26,217	26,372	26,423
フィリピン	15,772	16,684	18,032	18,439	18,968
世界計	701,228	722,719	733,013	739,120	741,478

※中国には、香港，マカオ及び台湾を含まない。

（公益財団法人矢野恒太記念会『日本国勢図会 2015/16 年』，『日本国勢図会 2017/18 年』より作成）

1. 2010 年から 2014 年までのいずれの年においても、中国の米生産量は世界計の 25%未満である。
2. 表に示した 8 か国のうちで、2010 年に対する 2014 年の米生産量増加率が最も大きいのはインドである。
3. 表に示した 8 か国のうちで、2012 年における米生産量の対前年増加率が最も大きいのはインドネシアである。
4. 2010 年から 2014 年にかけて、ベトナムにおける年平均米生産量は、43,000 千 t を超えている。
5. 2010 年から 2014 年までのいずれの年においても、バングラデシュの米生産量はフィリピンの米生産量の 3 倍未満である。

肢1　2011年以降、世界計はいずれも800,000に足りませんが、中国は200,000を超えており、世界計の $\frac{1}{4}$ ＝25％を超えています。

2010年も25％以上あるよね。

肢2　2010年→2014年について、インドは143,963→157,200で、13,200ほど増加していますが、増加率は1割に足りません。

一方、フィリピンのそれは、15,772→18,968で、3,000以上増加しており、増加率は約2割になります。

よって、最も大きいのはインドではありません。

肢3　2011年→2012年について、インドネシアは65,757→69,056で、3,300ほど増加していますが、増加率は5％程度です。

一方、フィリピンのそれは、16,684→18,032で、1,300ほど増加しており、増加率は8％程度になります。

よって、最も大きいのはインドネシアではありません。

肢4　ベトナムの各年について、43,000との過不足を確認します。

2010年は3,000ほど不足し、2011年も600ほど不足しており、合わせて3,600ほどの不足になります。

また、2012年～2014年はそれぞれ738，1,040，1,974超過しており、合わせると3,700以上の超過になります。

超過分は計算がラクだよね。不足のほうも、大した計算じゃないから、心配だったら計算してみよう！ 2010年は2,994、2011年は602になるよ。

よって、超過のほうが大きいので、平均は43,000を超えると判断でき、本肢は妥当です。

肢5　2010年のフィリピンは15,772で、これの3倍は48,000に足りません。しかし、バングラデシュは50,061ありますので、3倍以上ですね。

16,000 × 3 = 48,000 だからね。

4

LEVEL 2

この辺から、大卒レベル試験の
一般的な難易度の問題になるよ。
ここで、しっかり基礎固めをしよう！

STANDARD

Standard 1

目標時間 4 分

表は、A～Eの5か国の2014～2018年における国内総生産（単位：十億ドル）及び物価上昇率（前年比，単位：%）を示したものである。これから確実にいえるのはどれか。

出典 国家一般職 2019

		2014年	2015年	2016年	2017年	2018年
A国	国内総生産	170	180	180	190	210
	物価上昇率（前年比）	1.1	1.0	1.3	2.1	2.2
B国	国内総生産	180	190	210	230	250
	物価上昇率（前年比）	2.3	1.8	2.0	1.6	2.2
C国	国内総生産	40	45	50	55	60
	物価上昇率（前年比）	0.6	0.5	−0.1	0.7	1.3
D国	国内総生産	35	35	40	40	45
	物価上昇率（前年比）	1.3	0.7	0.5	1.8	1.6
E国	国内総生産	20	25	25	30	30
	物価上昇率（前年比）	0.6	0.6	0.7	2.7	2.7

1. 各国の2018年の国内総生産の成長率（前年比）を比較すると、B国の成長率が最も高い。
2. 2014年からみた2018年の各国の国内総生産の成長率は、E国が最も高く、C国が最も低い。
3. 2014年からみた2018年の各国の国内総生産の増加額を比較すると、B国は、A国より小さいが、D国より大きい。
4. 2013年の各国の物価を100とした2018年の指数を比較すると、最も小さいのはC国である。
5. 2014～2018年の各国の物価上昇率の平均を比較すると、最も高いのはE国であり、最も低いのはC国である。

肢 1　2017 年→2018 年の B 国の国内総生産は 230→250 で、20 増加していますが、これは 230 の 1 割に足りません。

一方、A 国のそれは 190→210 で、やはり 20 増加していますが、これは 190 の 1 割を超えます。

よって、成長率は A 国のほうが高く、最も高いのは B 国ではありません。

肢 2　2014 年→2018 年で、E 国の国内総生産は 20→30 と、1.5 倍になっています。すなわち、成長率 50%ですね。

また、C 国のそれも、40→60 で、同じく 1.5 倍になっていますので、E 国が最も高く、C 国が最も低いとはいえませんね。

ちなみに、その他の 3 か国はいずれも 1.5 倍に及ばず、計算すると電卓部屋にあるように、最も低いのは A 国となります。

小太郎の電卓部屋

A国　210 ÷ 170 ≒ 1.24
B国　250 ÷ 180 ≒ 1.39
D国　45 ÷ 35 ≒ 1.29

肢 3　2014 年→2018 年で、B 国の増加額は 250 − 180 = 70 ですが、A 国のそれは 210 − 170 = 40 ですから、B 国のほうが大きいですね。

肢 4　テクニック⑥を使って確認します。2014 年～2018 年の各国の物価上昇率を足し算すると次のようになります。

A国　1.1 + 1.0 + 1.3 + 2.1 + 2.2 = 7.7
B国　2.3 + 1.8 + 2.0 + 1.6 + 2.2 = 9.9
C国　0.6 + 0.5 − 0.1 + 0.7 + 1.3 = 3.0
D国　1.3 + 0.7 + 0.5 + 1.8 + 1.6 = 5.9
E国　0.6 + 0.6 + 0.7 + 2.7 + 2.7 = 7.3

多少の誤差を考慮しても、C 国の上昇率が最も低いので、指数が最も小さいのは C 国と判断できますね。

よって、本肢は確実にいえます。

肢 5　2014 年～2018 年の 5 か年の平均の大小は、合計の大小と同じですから、肢 4 の計算より、最も低いのは C 国ですが、最も高いのは B 国になります。

合計を 5 で割ったのが平均だからね。

4

Standard 2

目標時間 4 分

下の表は、ある国の対外輸出額とその構成比上位５か国・地域の割合についてまとめたものである。この表から判断できるア～ウの記述の正誤の組合せとして、最も妥当なのはどれか。

出典 東京消防庁Ⅰ類 2021

	2000年	2010年	2018年
１位	アメリカ（29.7%）	中国（19.4%）	中国（19.5%）
２位	台湾（7.5%）	アメリカ（15.4%）	アメリカ（19.0%）
３位	韓国（6.4%）	韓国（8.1%）	韓国（7.1%）
４位	中国（6.3%）	台湾（6.8%）	台湾（5.7%）
５位	香港（5.7%）	香港（5.5%）	香港（4.7%）
輸出総額（百億円）	5,165	6,741	8,148

ア　2018年の中国への輸出額は2010年の中国への輸出額より３割以上増加している。

イ　台湾への輸出額は増加し続けている。

ウ　2018年の香港への輸出額は2000年の韓国への輸出額よりも多い。

	ア	イ	ウ
1.	正	正	正
2.	誤	正	正
3.	誤	正	誤
4.	正	誤	正
5.	誤	誤	正

ア　2010年→2018年で、輸出総額は6,741→8,148で、約1,400増加していますが、これは6,741の２割強です。また、中国の構成比は19.4%→19.5%で、ほとんど変わっていません。よって、３割以上の増加はありませんので、アは「誤」です。

イ　まず、台湾の2000年と2010年を、テクニック①を使って、次のように比較します。

（2000 年）　　　　（2010 年）

（1.2 倍未満）

5,165 × 7.5%　＜　6,741 × 6.8%

（1.2 倍以上）

同様に、2010 年と 2018 年を比較すると、次のようになります。

（2010 年）　　　　（2018 年）

（1.2 倍未満）

6,741 × 6.8%　＜　8,148 × 5.7%

（1.2 倍以上）

よって、2000 年＜2010 年＜2018 年となり、台湾への輸出額は増加し続けていますので、イは「正」です。

ウ　イと同様に、2018 年の香港と 2000 年の韓国を、次のように比較します。

（2018 年香港）　　　　（2000 年韓国）

（1.5 倍未満）

8,148 × 4.7%　＞　5,165 × 6.4%

（1.5 倍以上）

よって、2018 年の香港のほうが多く、ウは「正」です。

以上より、正解は肢 2 です。

Standard 3

目標時間 4 分

三角グラフは、三つの構成要素の比率を表すのに用いられる。例えば、ある年のあるサッカーチームの試合結果の比率は、勝ち 30%、負け 40%、引き分け 30%であり、図Ⅰの三角グラフを用いると、黒点の位置に示される。

図Ⅱは、A，B，Cの三つのサッカーチームについて、2016 年から 2018 年までの各年における試合結果の比率を示したものである。これから確実にいえるのはどれか。

出典 国家専門職 2019

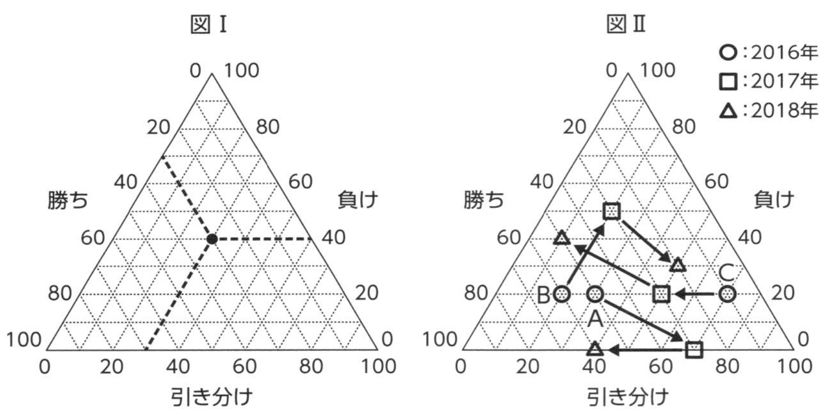

1. 2016 年から 2018 年にかけて、勝ちと引き分けを合わせた比率が、3 チームで等しくなる年がある。
2. 2016 年から 2018 年にかけて、3 チームの順位の入れ替えは生じていない。
3. 2016 年から 2018 年にかけて、負けの比率が毎年増加しているチームがある。
4. 2017 年から 2018 年にかけて、勝ちの比率が変わっていないチームがある。
5. 2017 年において、Bチームの勝ちの比率は、他の 2 チームのそれより低い。

肢 1　「勝ちと引き分けを合わせた比率」が等しいということは、残る「負けの比率」も等しいということですので、これを確認すると、2016 年は 3 チームいずれも 20%と読み取れます。すなわち、この年は 3 チームいずれも、勝ちと引き分けを合わせた比率が 80%となり、本肢は確実にいえます。

肢 2　順位のつけ方が示されていませんが、仮に、勝ちの比率だけでつけるとすると、2016 年の勝ちの比率は、A が 50%、B が 60%、C が 10%で、順位は B→A→C ですね。2017 年の勝ちの比率は 3 チームとも 30%で同じで、2018 年は、A が 60%、B が 20%、C が 50%で、順位は A→C→B になります。

　また、引き分けを除いた試合のみにおける勝率で考える場合は、2016 年の（勝ち，負け）は、A が（50%，20%）、B が（60%，20%）で、A＜B ですが、2017 年は、A が（30%，0%）、B が（30%，50%）で、A＞B となり、いずれにしても順位の入れ替えが生じていることが確認できますね。

ちょっと補足

順位は、通常は引き分けを除く試合における勝率でつけることが多いけど、単に勝ちの比率でつける場合と、一応、両方を確認するね！
でも、こういうあいまいな条件のときは、どう考えても答えは同じってことになるんじゃないかな !?

肢 3　2016 年→2018 年で、負けの比率は、A は 20%→0%→0%、B は 20%→50%→30%、C は 20%→20%→40%ですから、毎年増加しているチームはありませんね。

肢 4　2017 年→2018 年で、勝ちの比率は、A は 30%→60%、B は 30%→20%、C は 30%→50%ですから、変わっていないチームはありません。

肢 5　肢 2 でも確認しましたが、2017 年の 3 チームの勝ちの比率はいずれも 30%です。

1

Standard 

目標時間 5 分

次の図から正しくいえるのはどれか。　出典 東京都Ⅰ類A 2018

物品賃貸業の物件別売上高の状況

物品賃貸業の物件別売上高の構成比（2013 年）

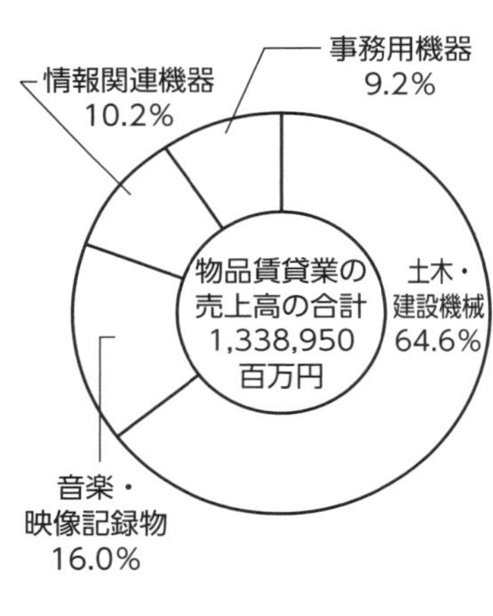

物品賃貸業の物件別売上高の**対前年増加率**の推移

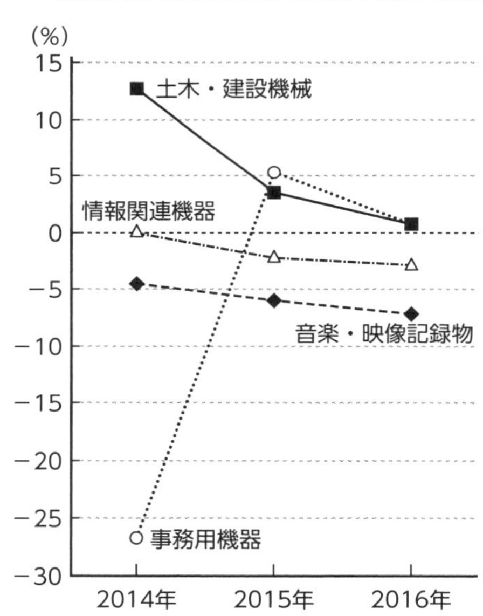

1. 2013 年における音楽・映像記録物の売上高を 100 としたとき、2016 年における音楽・映像記録物の売上高の指数は 80 を下回っている。
2. 2013 年から 2016 年までのうち、情報関連機器の売上高に対する土木・建設機械の売上高の比率が最も大きいのは 2016 年である。
3. 2014 年に対する 2015 年の売上高を物件別にみると、最も増加しているのは事務用機器であり、最も減少しているのは音楽・映像記録物である。
4. 2014 年から 2016 年までの情報関連機器の売上高の 3 か年の累計は、410,000 百万円を上回っている。
5. 2015 年の売上高を物件別にみると、売上高が前年に比べて増加したのは事務用機器だけである。

肢1　音楽・映像記録物の2013年→2016年のおよその増加率を見ると、4.5%減少→6%減少→7%減少で、テクニック⑥より、足し合わせても17%程度しか減っていません。

よって、2016年の指数は80を上回ります。

減少率は足し算の結果よりちょっと小さくなるからね！

肢2　2014年～2016年のいずれも、情報関連機器の増加率 < 土木・建設機械の増加率ですから、テクニック⑦より、情報関連機器に対する土木・建設機器の比率は年々大きくなっています。

よって、2016年が最も大きいとわかり、本肢は正しくいえます。

肢3　2013年の売上高の合計を100とすると、事務用機器は9.2ですが、2014年には27%ほど減少していますので、ここで7.0を下回っています。2015年の増加数はこれの6%程度ですね。

一方、土木・建設機械の2013年は64.6で、2014年は13%ほど増加して70を超えますね。2015年の増加数はこれの4%程度です。

これより、明らかに土木・建設機械のほうが増加しており、最も増加しているのは事務用機器ではありません。

「増加率」は事務用機器が一番だけどね。「最も増加している」といわれたら、「増加数」のことだよね。

肢4　2013年の情報関連機器は、1,338,950の10.2%で、2014年の増加率はほぼ0ですから、前年とほぼ同じです。また、2015年はそこから約2%の減少で、2016年はさらに約3%減少していますので、2014年～2016年の平均は1,338,950の10%程度ですね。

そうすると、この3か年の累計は、1,338,950の10%である133,895の3倍程度で、これは410,000に足りませんね。

10.2から2%減少すると約10.0、そこから3%減少すると、約9.7で、平均10.0ってとこでしょ!?

小太郎の電卓部屋

2013年＝2014年
1,338,950 × 0.102 ≒ 136,573
2015年
136,573 × 0.98 ≒ 133,842
2016年
133,842 × 0.97 ≒ 129,827
累計
136,573 + 133,842 + 129,827
= 400,242

肢5　2015年の土木・建設機械の増加率もプラスですから、前年より増加しています。

正解 2

Standard 5

目標時間 5 分

表と図は、6 歳未満の子どもを対象にした、チャイルドシート使用状況調査の結果を示したものである。これらから確実にいえるのはどれか。

出典 国家一般職 2016

表　チャイルドシート使用状況　（単位：人）

総数	チャイルドシート使用	計	チャイルドシート不使用			
			車両シートにそのまま着座	チャイルドシートにそのまま着座	大人用シートベルト着用	保護者の抱っこ
13,084	8,198	4,886 〔うち、チャイルドシートはあるのに不使用 593〕	2,709	518	948	711

（注）「チャイルドシート不使用」には、チャイルドシートの適切でない使用を含む。

図Ⅰ　年齢層別チャイルドシート使用状況

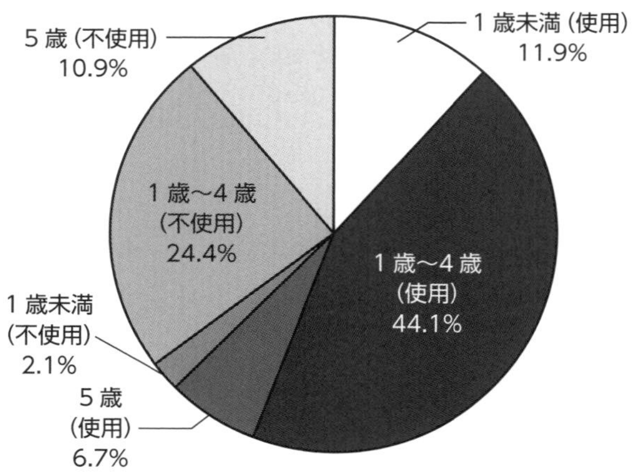

（注）四捨五入の関係により構成比の合計が 100%にならない。

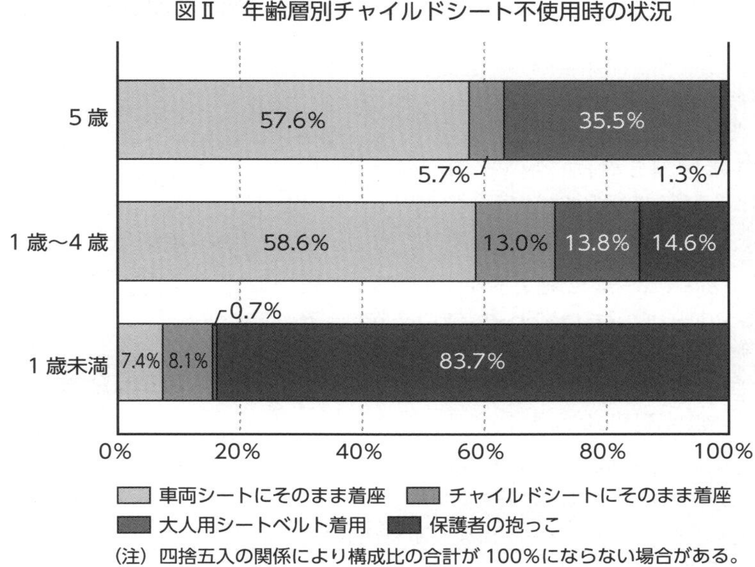

1．チャイルドシート使用の「1歳〜4歳」の子どもの人数は、6,000人以上である。

2．いずれの年齢層についてみても、チャイルドシート使用の子どもがその年齢層の子どもに占める割合は、50%以上である。

3．チャイルドシート不使用の子どものうち、「1歳未満」かつ「保護者の抱っこ」である子どもの人数は、200人以上である。

4．チャイルドシートがなく不使用である子どもが調査対象の子ども全体に占める割合は、40%以上である。

5．「5歳」かつ「大人用シートベルト着用」である子どもが調査対象の子ども全体に占める割合は、5%以上である。

肢1　表より、総数は13,084で、図Ⅰより、チャイルドシート使用の「1歳～4歳」は44.1％ですから、テクニック③より、13,000×45％として計算しても5,850しかありません。

よって、6,000人に足りませんね。

肢2　図Ⅰより、「5歳」については、「不使用」が10.9％で、「使用」の6.7％を上回ります。

よって、この年齢層では50％未満です。

肢3　図Ⅰより、「1歳未満（不使用）」は、総数13,084の2.1％で、これは260以上ありますね。そのうち「保護者の抱っこ」は、図Ⅱより、83.7％で、これは200を超えます。

よって、本肢は確実にいえます。

肢4　表より、「チャイルドシート不使用」は4,886で、これは、総数13,084の40％に及びません。

ですから、「チャイルドシートがなく不使用」も、当然40％を下回ります。

肢5　「5歳（不使用）」は10.9％で、そのうち、「大人用シートベルト着用」は、図Ⅱより、35.5％ですから、5％には及びませんね。

正解 3

ちょっと補足

13,084に対して、切り捨てた84は1％未満。
44.1に対して、切り上げた0.9は2％以上だから、切り上げのほうが大きい。つまり、やや多めになってるね。
正しい計算は、
13,084×0.441≒5,770

ちょっと補足

「使用」と「不使用」が同数でちょうど50％、「使用」のほうが多ければ、50％を超えるってことだよね。

250の80％で200だからね。

13,000×0.4＝5,200だからね。

ちなみに、この人数は、
4,886－593＝4,293（人）

小太郎の電卓部屋

「10.9％」のうちの35.5％として計算するよ。
10.9×0.355≒3.87（％）

MEMO

Standard 6

目標時間 5 分

下の資料は、勤労者世帯の収支の推移をまとめたものである。この資料から判断できることとして、最も妥当なのはどれか。　出典 東京消防庁Ⅰ類 2022

勤労者世帯の収支の推移（月平均）

	世帯人員 (人)	実収入 (千円)	可処分所得 (千円)	消費支出 (千円)	金融資産純増 (千円)
2013 年	3.4	523.6	426.1	319.2	74.8
2014 年	3.4	519.8	423.5	318.8	78.1
2015 年	3.4	525.7	427.3	315.4	85.1
2016 年	3.4	527.0	428.7	309.6	92.4
2017 年	3.4	533.8	434.4	313.1	97.9
2018 年	3.3	558.7	455.1	315.3	123.0

1. 可処分所得を 100 としたときの金融資産純増の値では、2013 年の方が 2014 年より小さい。
2. 2018 年の世帯一人当たりの可処分所得は、14 万円を上回っている。
3. 2013 年から 2018 年までの期間で、黒字額（可処分所得－消費支出）が最も小さいのは 2017 年である。
4. 2013 年から 2018 年までの期間における金融資産純増の平均額は、9 万円を下回っている。
5. 2013 年から 2018 年までの期間で、実収入から可処分所得を引いた値は、毎年増加している。

肢 1　2013 年のほうが 2014 年より、可処分所得が多いのに金融資産純増は少ないので、前者に対する後者の割合は小さいです。

よって、可処分所得を 100 としたときの金融資産純増の値は、2013 年のほうが 2014 年より小さく、本肢は妥当です。

肢 2　2018 年の世帯人員は 3.3 ですから、1 人当たり 14 万円（= 140 千円）を上回っているとすると、世帯全体で 3.3 × 140 = 462（千円）を上回ります。

しかし、同年の可処分所得は 455.1 千円ですから、1 人当たり 14 万円を上回ってはいません。

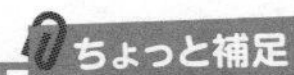

もちろん、455.1 ÷ 3.3 を計算してもいいけど、割り算より掛け算のほうがちょっとラクでしょ！

肢 3　2013 年～ 2015 年はいずれも、2017 年より可処分所得は少ないですが消費支出は多いので、黒字額は 2017 年より小さいとわかります。

よって、最も小さいのは 2017 年ではありません。

肢 4　各年の金融資産純増について、9 万円（= 90 千円）との過不足を確認すると、2013 年～ 2015 年はいずれも 90 を下回っており、不足分の合計は、15.2 + 11.9 + 4.9 = 32.0 となります。

しかし、2016 年～ 2018 年はいずれも 90 を上回っており、2018 年の超過分だけで 33.0 あり、不足分を上回ります。

よって、平均額は 90 を超えていますので、9 万円を下回りません。

肢 5　2013 年と 2014 年の、実収入から可処分所得を引いた値は、次のようになります。

2013 年　523.6 − 426.1 = 97.5
2014 年　519.8 − 423.5 = 96.3

よって、2013 年→ 2014 年では減少していますので、毎年増加してはいません。

その他の年はこちら
2015年　525.7−427.3=98.4
2016年　527.0−428.7=98.3
2017年　533.8−434.4=99.4
2018年　558.7−455.1=103.6
2016 年もちょっと減っているね。

正解 1

Standard 7

目標時間 5 分

次の図から正しくいえるのはどれか。 出典 東京都Ⅰ類A 2016

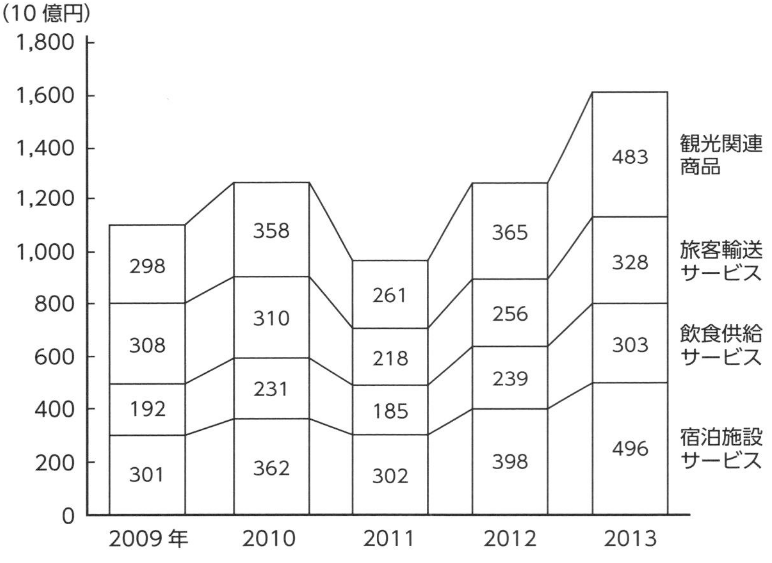

1. 2009年から2011年までの各年についてみると、4商品の国内観光消費額の合計に占める宿泊施設サービスの消費額の割合は、いずれの年も25%を下回っている。
2. 2010年から2012年までの各年についてみると、宿泊施設サービスの消費額に対する旅客輸送サービスの消費額の比率は、いずれの年も0.8を下回っている。
3. 2010年における飲食供給サービスの消費額及び観光関連商品の消費額の合計を100としたとき、2013年における飲食供給サービスの消費額及び観光関連商品の消費額の合計の指数は140を上回っている。
4. 2011年から2013年までの3か年の国内観光消費額の1年当たりの平均を商品別にみると、宿泊施設サービスの消費額は旅客輸送サービスの消費額の

1.6 倍を上回っている。

5. 2012 年における国内観光消費額の対前年増加率を商品別にみると、最も大きいのは観光関連商品であり、最も小さいのは旅客輸送サービスである。

4 商品は「観光」「輸送」「飲食」「宿泊」と略しますね。

肢 1 宿泊の割合が高そうな 2011 年を確認します。左目盛の高さから、この年の合計は 1,000 に及びませんので、これの 25%は 250 に及びません。しかし、宿泊は 302 もありますので、25%を上回っています。

肢 2 2010 年の宿泊と輸送の差は 362 − 310 = 52 で、これは 362 の 2 割に足りません。すなわち、310 は 362 の 8 割以上ですから、この年の宿泊に対する輸送の比率は 0.8 以上になります。

肢 3 飲食と観光を合計すると、2010 年は 231 + 358 = 589 、2013 年は 303 + 483 = 786 ですから、その差は 200 に足りません。

しかし、589 の 4 割は 200 以上ですから、2013 年は 2010 年に対して 4 割まで増えておらず、指数は 140 を下回ります。

肢 4 各年で見ると、2011 年の宿泊と輸送の差は 302 − 218 = 84 で、これは 218 の 6 割に足りませんので、この年の宿泊は輸送の 1.6 倍はありません。

同様に、2012 年の差も 398 − 256 = 142 で、256 の 6 割に足りませんし、また、2013 年の差も 496 − 328 = 168 で、328 の 6 割に足りません。

250 × 0.6 = 150 だから、252 の 6 割はこれより多いよね。328 の 6 割は当然 180 以上でしょ！

よって、どの年も 1.6 倍に満たないので、平均が 1.6 倍以上になることはありません。

肢 5 観光の 2011 年 → 2012 年は、261 → 365 で、104 増加しており、これは 261 の 4 割近くになります。

同様に、輸送のそれは 218 → 256 で、38 増加しており、これは 218 の 2 割に足りません。

また、飲食は 185 → 239 で増加数は 54 、宿泊は 302 → 398 で増加数は 96 ですから、いずれも増加率３割前後です。

よって、増加率が最も大きいのは観光、最も小さいのは輸送で、本肢は正しくいえます。

5

MEMO

深呼吸

Standard 8

目標時間 5 分

下の表は近年における日本の発信端末別の通信回数の推移に関する資料である。この表からいえることとして最も妥当なものはどれか。　出典 裁判所職員 2021

（単位：億回）

	2010 年	2011 年	2012 年	2013 年	2014 年	2015 年	2016 年
固定系	385.4	350.9	318.0	292.1	259.2	226.4	194.6
移動系	608.7	611.2	590.8	556.4	526.4	518.1	503.9
IP電話	112.4	121.8	130.1	141.9	146.4	149.1	154.7
総回数	1106.5	1083.9	1038.9	990.4	932.0	893.6	853.2

（総務省「平成 30 年版情報通信白書」より引用・加工）

1．各発信端末の 2010 年の値を 100 としたときに、各年度の値を指数であらわすとすると、2016 年の移動系の値が最も小さい。
2．調査年の全体を通じて、ＩＰ電話の割合は総回数の 2 割以上となっている。
3．総回数の 2010 年の値を 100 としたときに、総回数の指数の対前年減少値が最も大きかったのは 2014 年である。
4．各発信端末の 2010 年の値を 100 としたときに、各発信端末の 2015 年の値を指数であらわすとすると、130 を超えているものはない。
5．各年度の固定系の値の総回数に占める割合が一番高いのは、2011 年である。

肢 1　2010 年→ 2016 年において、移動系は 608.7 → 503.9 で、2 割まで減少していませんので、2016 年の指数は 80 を上回ります。

一方、固定系は、385.4 → 194.6 で、半数近くまで減少していますので、2016 年の指数は 50 強です。

よって、指数の値が最も小さいのは、2016 年の移動系ではありません。

肢 2　2010 年のＩＰ電話は 112.4 で、総回数 1,106.5 の 2 割に及びません。同様に、いずれの年においても、2 割以上の年はありません。

肢３　指数の増減値は実数の増減値に比例しますので、総回数の減少値が最も大きい年を探すと、2013年→2014年のみ50以上の減少があり、ここが最大とわかります。

よって、指数の対前年減少値が最も大きいのも2014年となり、本肢は妥当です。

肢４　ＩＰ電話の2010年→2015年は、112.4→149.1で、36以上増加しており、これは、112.4の3割を超えます。すなわち、2015年の指数は130を超えています。

肢５　固定系の総回数に占める割合について、2010年と2011年を、テクニック②を使って次のように比較します。

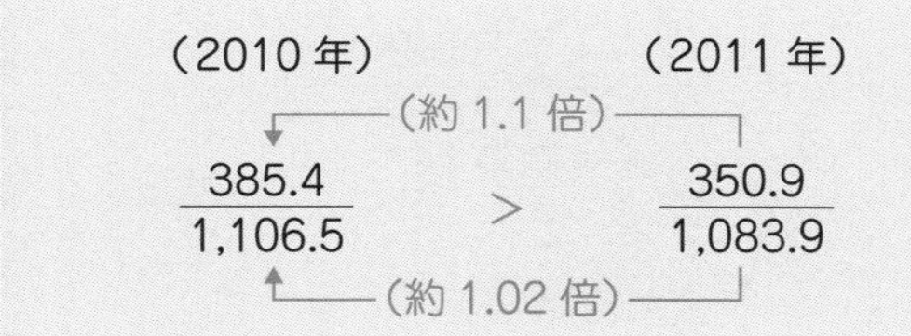

これより、一番高いのは2011年ではありません。

ナットクいかない方はこちら

たとえば、実数の「300」を「指数100」とおくと、「指数1」は実数では「3」だよね。
そうすると、実数で30減少すると指数で10減少するというように、実数と指数は比例関係にあるんだ。
ちなみに、ここでは「減少率」ではなく「減少値」だから気をつけてね！

Standard 9

目標時間 5 分

次の図から正しくいえるのはどれか。　　出典 東京都Ⅰ類A 2019

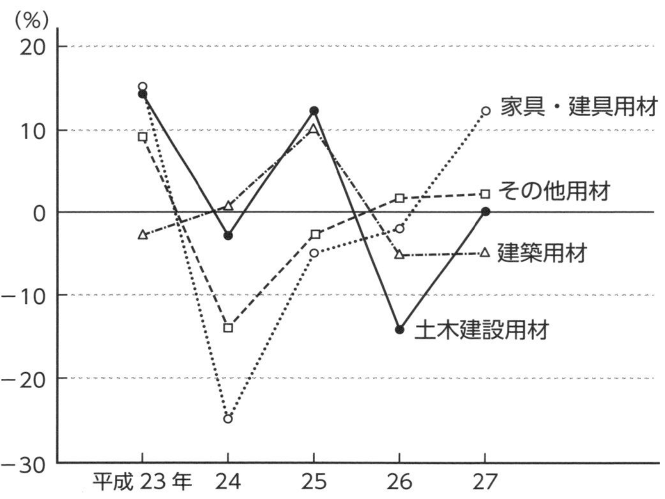

1. 平成 22 年から 27 年までのうち、その他用材の出荷量が最も多いのは 22 年であり、最も少ないのは 24 年である。
2. 平成 23 年の出荷量を 100 としたとき、26 年の出荷量の指数が 90 を下回っているのは家具・建具用材だけである。
3. 平成 24 年から 27 年までの各年についてみると、土木建設用材に対する家具・建具用材の出荷量の比率が最も大きいのは 26 年である。
4. 平成 25 年から 27 年までの 3 か年における建築用材の出荷量の年平均は、22 年から 24 年までの 3 か年における建築用材の出荷量の年平均より減少している。
5. 平成 27 年の出荷量が 22 年の出荷量より増加しているのは、土木建設用材だけである。

肢1　その他用材の平成23年の増加率はプラスですから、22年＜23年で、最も多いのは22年ではありません。

また、25年の増加率はマイナスですから、24年＞25年で、最も少ないのも24年ではありません。

小太郎の電卓部屋

100 × 0.86 × 0.97 × 1.02 ≒ 85.1

肢2　テクニック⑥を使って、その他用材の平成24年〜26年のおよその増加率を足し算すると、−14−3＋2＝−15ですから、多少の誤差を考慮しても、15％程度減少しているとみていいでしょう。

よって、その他用材の指数も90を下回ります。

肢3　平成27年の増加率は、家具・建具用材＞土木建設用材ですから、比率は26年＜27年となります（テクニック⑦）。

よって、最も大きいのは26年ではありません。

肢4　建築用材の平成22年を100とすると、23年は約3％減少して約97、24年は1％ほど増加して約98で、この3年間の平均は100を下回ります。

さらに、25年は約10％増加して約108、26年は約5％減少して約103、27年も約5％減少して約98で、この3年間の平均は100を上回ります。

よって、25〜27年の平均は、22〜24年の平均より減少していません。

肢5　肢4より、建築用材は平成22年＞27年と確認できます。他の3種類について、23年〜27年のおよその増加率を足し算すると、次のようになります。

ちょっと補足

家具・建具のように、増減率の数字がけっこう大きいときは、足し算だけで判断するのは危険だけど、増加と減少の両方がある場合、足し算の値より少なめになるよね（テクニック⑥）。そうすると、多分大丈夫だね！

家具・建具用材	16 − 25 − 5 − 2 ＋ 12 ＝ −4
その他用材	9 − 14 − 3 ＋ 2 ＋ 2 ＝ −4
土木建設用材	14 − 3 ＋ 12 − 14 ＋ 0 ＝ 9

これより、22年より増加しているのは土木建設用材だけと判断でき、本肢は正しいです。

正解 5

小太郎の電卓部屋

22年を100とすると

家具・建具　100 × 1.16 × 0.75 × 0.95 × 0.98 × 1.12 ≒ 90.7

その他　100 × 1.09 × 0.86 × 0.97 × 1.02 × 1.02 ≒ 94.6

土木建設　100 × 1.14 × 0.97 × 1.12 × 0.86 ≒ 106.5

建築　100 × 0.97 × 1.01 × 1.1 × 0.95 × 0.95 ≒ 97.3

Standard 10

目標時間 5 分

表は、我が国の特定サービス産業について、平成 26 年調査及び平成 27 年調査における業種分野ごとの事業所数、従業者数及び年間売上高を示したものである。これから確実にいえるのはどれか。

ただし、表以外の業種分野はないものとする。

出典 国家専門職 2019

業種分野		平成 26 年調査			平成 27 年調査		
		事業所数	従業者数(単位：百人)	年間売上高(単位：億円)	事業所数	従業者数(単位：百人)	年間売上高(単位：億円)
対事業所サービス業	情報処理関連	36,414	10,257	209,664	35,911	10,099	213,687
	物品賃貸業	24,494	2,119	110,333	23,434	1,966	108,311
	デザイン・設計業	14,601	844	8,353	14,057	791	8,216
	修理・メンテナンス	19,049	1,728	32,776	18,358	1,635	31,899
	広告業	9,286	1,234	82,620	9,193	1,199	81,118
	計量証明業	843	203	2,215	772	193	2,185
対個人サービス業	娯楽関連	15,933	3,654	36,986	15,656	3,529	37,370
	学習関連	128,828	5,853	18,750	127,204	5,446	18,537
	冠婚葬祭業	9,862	1,292	22,852	9,609	1,210	19,697

1. 平成 26 年調査における対事業所サービス業についてみると、1 事業所当たりの従業者数が多い業種分野ほど、年間売上高が多い。
2. 平成 27 年調査における対事業所サービス業についてみると、従業者 1 人当たりの年間売上高が最も少ない業種分野は、計量証明業である。
3. 平成 27 年調査における対個人サービス業についてみると、1 事業所当たりの年間売上高が最も少ない業種分野は、娯楽関連である。
4. 平成 26 年調査と平成 27 年調査を比較すると、年間売上高が増加している業種分野は、従業者 1 人当たりの年間売上高も増加している。
5. 平成 26 年調査と平成 27 年調査を比較すると、冠婚葬祭業では、1 事業所当たりの年間売上高は減少しているが、従業者 1 人当たりの年間売上高は増加している。

肢1　平成26年の物品賃貸業の$\frac{従業者数}{事業所数}$は$\frac{2,119}{24,494}$で、これは$\frac{1}{10}$に及びませんが、計量証明業のそれは$\frac{203}{843}$で、およそ$\frac{1}{4}$です。

計量証明業は、情報処理関連に次いで2番目に多いよね！

よって、1事業所当たりの従業者数は後者のほうが多いですが、年間売上高は前者のほうが多いので、このようなことはいえません。

肢2　平成27年の計量証明業とデザイン・設計業の$\frac{年間売上高}{従業者数}$を、テクニック②を使って比較すると、次のようになります。

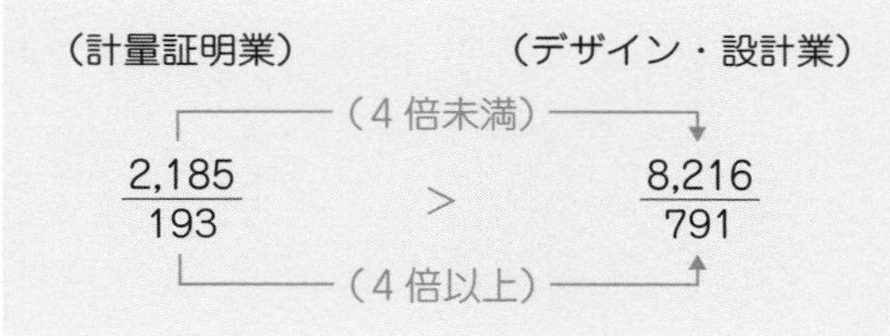

よって、最も少ないのは計量証明業ではありません。

肢3　平成27年の娯楽関連の$\frac{年間売上高}{事業所数}$は$\frac{37,370}{15,656}$ですが、学習関連のそれは$\frac{18,537}{127,204}$ですから、明らかに後者のほうが少ないですね。

肢4　年間売上高が増加しているのは、情報処理関連、娯楽関連の2業種ですが、いずれも、従業者数は減少していますので、従業者1人当たりの年間売上高も増加しています。

よって、本肢は確実にいえます。

肢5　平成26年→27年の冠婚葬祭業の事業所数は9,862→9,609で、250ほど減少しており、これは9,862の1割に足りません。また、従業者数は1,292→1,210で、82減少しており、これも1,292の1割に足りません。しかし、年間売上高は22,852→19,697で、3,000以上減少しており、これは22,852の1割を超えます。

すなわち、事業所数や従業者数よりも年間売上高のほうが減少率は大きいので、1事業所当たりの年間売上高、従業者1人当たりの年間売上高は、いずれも減少しています。

MEMO

Standard 11

目標時間 4 分

次の図から正しくいえるのはどれか。　　出典 東京都Ⅰ類B 2022

種類別４学校における卒業者数の**対前年増加率**の推移

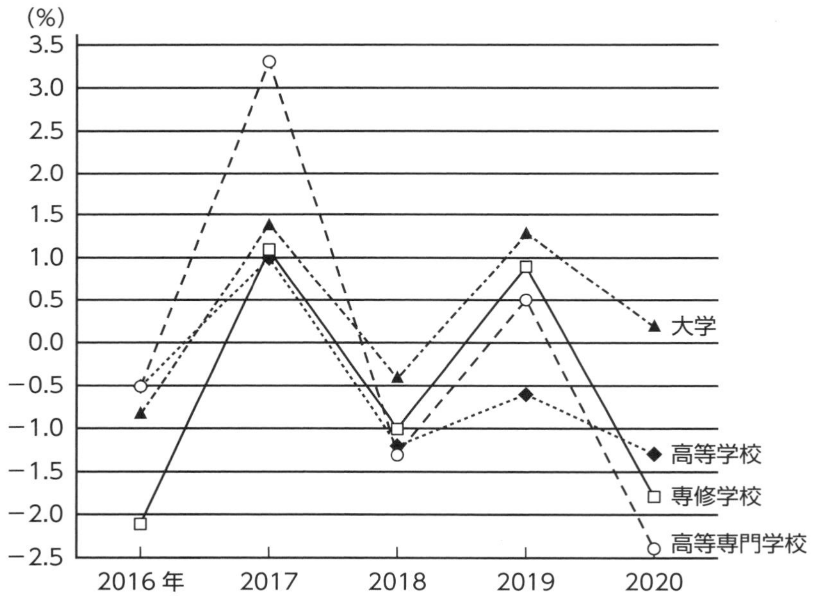

1．2015 年から 2020 年までのうち、大学の卒業生が最も多いのは 2020 年であり、最も少ないのは 2018 年である。
2．2016 年における専修学校の卒業生を 100 としたとき、2020 年における専修学校の卒業生の指数は 95 を下回っている。
3．2017 年と 2018 年についてみると、高等学校の卒業生に対する大学の卒業生の比率は、いずれの年も前年に比べて増加している。
4．2019 年における卒業生を学校の種類別にみると、卒業生が 2016 年に比べて減少しているのは、高等学校と高等専門学校である。
5．2020 年における高等専門学校の卒業生は、2017 年における高等専門学校の卒業生に比べて増加している。

肢 1　大学の 2017 年の増加率は約 1.4％で、2018 年の減少率は約 0.4％ですから、2016 年＜2018 年とわかります。

よって、最も少ないのは 2018 年ではありません。

肢 2　テクニック⑥を使います。専修学校の 2017 年～2020 年の増加率を足し算すると、約 1.1 − 1.0 ＋ 0.9 − 1.8 ＝− 0.8 ですから、多少の誤差を考慮しても 5％も減少してはいません。

よって、2020 年の指数は 95 を下回りません。

肢 3　2017 年と 2018 年の増加率を見ると、いずれも高等学校＜大学ですから、テクニック⑦より、高等学校に対する大学の比率は前年に比べて増加しています。

よって、本肢は正しくいえます。

肢 4　肢 2 と同様に、高等専門学校の 2017 年～2019 年の増加率を足し算すると、約 3.3 − 1.3 ＋ 0.5 ＝ 2.5 ですから、多少の誤差を考慮しても、2016 年に比べて 2019 年は減少していません。

肢 5　同様に、高等専門学校の 2018 年～ 2020 年の増加率を足し算すると、約 −1.3 ＋ 0.5 − 2.4 ＝−3.2 ですから、誤差を考慮しても、2017 年に比べて 2020 年は増加していません。

3

Standard 12

目標時間 5 分

図は、ある大会の参加者数と参加チーム数の推移を示したものであるが、これから確実にいえるのはどれか。なお、参加チームの内訳は、企業，個人，大学，専門学校，高専，高校である。

出典 国家総合職 2017

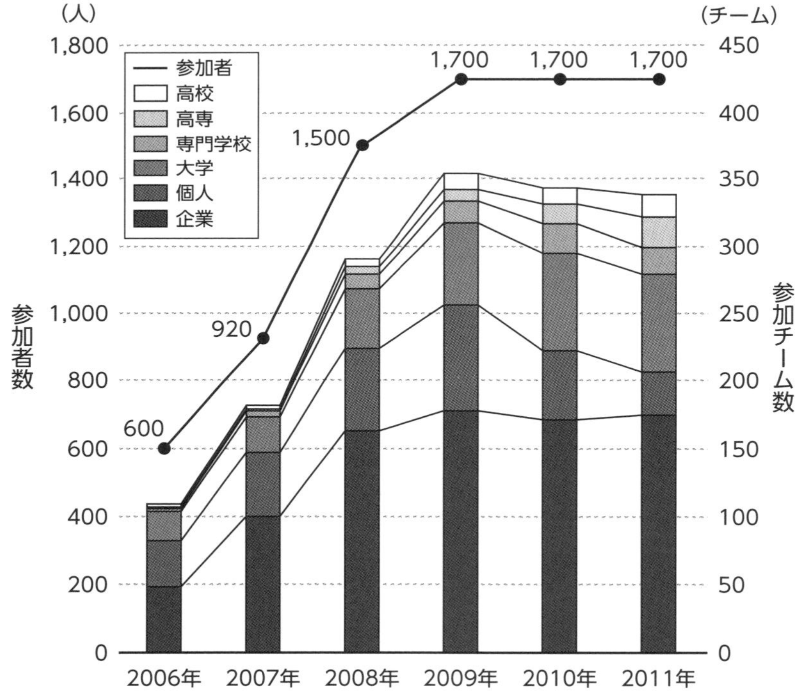

1．2007 ～ 2011 年のうち、参加者数の対前年増加数が最大なのは 2008 年であり、参加者数の対前年増加率が最大なのは 2007 年である。
2．2006 年に対する 2011 年の参加者数及び参加チーム数のそれぞれの増加率をみると、参加者数の増加率の方が参加チーム数の増加率を上回っている。
3．2006 ～ 2011 年のいずれの年においても、「企業」チームの数が参加チーム数全体の半数以上を占めている。
4．2007 ～ 2011 年のいずれの年においても、参加チーム数に対する「大学」チーム及び「個人」チームの合計数の比率は、前年に比べて増加している。
5．2006 ～ 2011 年のうち、1 参加チーム当たりの参加者数が最大なのは 2006 年であり、最小なのは 2009 年である。

肢 1 2007 年 → 2008 年で、参加者数は 920 → 1,500 と 580 増加しており、増加数はここが最大ですね。

また、増加率については、2006 年 → 2007 年は、600 → 920 で、320 増加しており、これは 600 の 6 割に足りません。

一方、2007 年 → 2008 年の増加数 580 は、920 の 6 割を超えますので、増加率も 2008 年のほうが大きいと判断できます。

肢 2 2006 年 → 2011 年で、参加者数は 600 → 1,700 ですから、3 倍まで増えていません。

一方、参加チーム数のそれは、約 110 → 340 で、3 倍以上ですから、増加率は参加チーム数のほうが大きいですね（テクニック⑤）。

肢 3 2006 年の参加チーム数は約 110 ですが、このうち「企業」チーム数は 50 以下ですから、半数に足りません。

肢 4 2010 年 → 2011 年について見ると、参加チーム数はやや減少している程度ですが、「大学」と「個人」の合計はけっこう減少しています。

よって、2011 年は前年より比率が下がっていると判断できます。

肢 5 2006 年の 1 チーム当たり参加者数は、600 ÷ 110 で、約 5.5 人ですね。

また、2009 年のそれは、1,700 ÷ 355 で、5.0 人に足りません。

他の年を確認すると、いずれも 5.0 人前後ですから、2006 年が最大で、2009 年が最小となり、本肢は確実にいえます。

正解 5

ちょっと補足

参加チームはおよそ 5 の減少かな？「大学」＋「個人」は 20 くらい減っているね。

小太郎の電卓部屋

2006年　600 ÷ 110 ≒ 5.45
2007年　920 ÷ 180 ≒ 5.11
2008年　1,500 ÷ 290 ≒ 5.17
2009年　1,700 ÷ 355 ≒ 4.79
2010年　1,700 ÷ 345 ≒ 4.93
2011年　1,700 ÷ 340 ＝ 5.0

Standard 13

目標時間 5 分

次の図から確実にいえるのはどれか。　　　出典 特別区Ⅰ類 2019

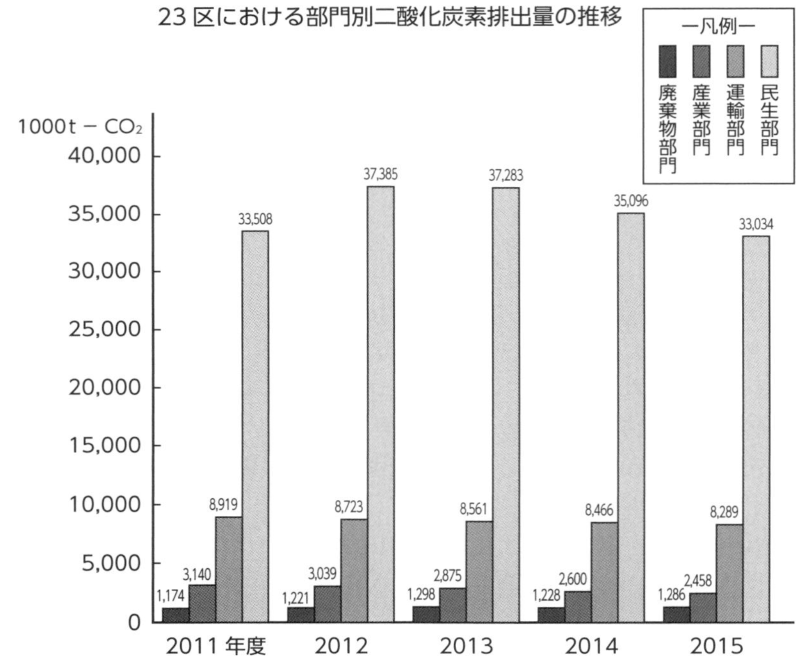

1. 2011 年度から 2015 年度までにおける 5 年度の民生部門の二酸化炭素排出量の 1 年度当たりの平均は、3,500 万 t − CO_2 を下回っている。
2. 2011 年度の民生部門の二酸化炭素排出量を 100 としたときの 2012 年度のそれの指数は、115 を上回っている。
3. 2012 年度から 2015 年度までの各年度とも、運輸部門の二酸化炭素排出量の対前年度減少量は、10 万 t − CO_2 を上回っている。
4. 図中の各年度とも、二酸化炭素排出量の合計に占める産業部門の二酸化炭素排出量の割合は、5.8%を上回っている。
5. 2012 年度の廃棄物部門の二酸化炭素排出量の対前年度増加率は、2015 年度のそれより小さい。

肢1　3,500万t＝35,000（1,000t）ですから、民生部門で35,000との過不足を見ます。

35,000に足りないのは2011年度と2015年度ですが、いずれも33,000以上あり、2,000まで不足していません。一方、2012年度と2013年度は37,000以上あり、2,000以上超過しています。

よって、平均は35,000以上あります。

肢2　民生部門の2011年度→2012年度は、33,508→37,385で、増加量は4,000に足りません。すなわち、33,508の15％も増えていませんので、指数は115を下回ります。

肢3　10万t＝100（1,000t）より、運輸部門で減少量が100に満たない年度を探すと、2013年度→2014年度は、8,561→8,466で、100まで減っていないとわかります。

肢4　合計に対して産業部門がわりと小さい2013年度を確認しましょう。この年の合計をざっくり計算すると、およそ50,000で、これの5.8％は2,900ですから、産業部門の2,875は合計の5.8％を下回ります。

肢5　廃棄物部門の2011年度→2012年度の増加量は1,221－1,174＝47で、2014年度→2015年度の増加量は1,286－1,228＝58ですから、増加量は次のように比較できます（テクニック②）。

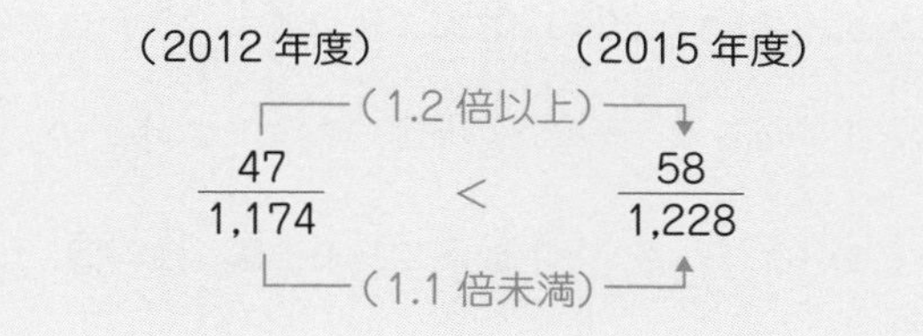

よって、2012年度のほうが小さく、本肢は確実にいえます。

これって、5,000くらいだよね。

ざっくりとした計算でちょっと不安だったら、50,000を超えるってくらいまで確認するといいね。

小太郎の電卓部屋

2013年度の合計
37,283＋8,561＋2,875＋1,298＝50,017

Standard 14

目標時間 5 分

表は、1990 年，1995 年，1999 年の勤労者世帯の収入と支出について表したものであるが、これらから確実にいえるのはどれか。　出典 国税専門官 2003

(円)

		1990 年	1995 年	1999 年
実収入		521,757	570,818	574,676
実支出		412,813	438,307	436,943
うち消費支出		331,595	349,664	346,177
内訳	食料費	79,993	78,947	78,059
	住居費	16,475	23,412	22,614
	光熱・水道費	16,797	19,551	20,680
	家具・家事用品費	13,103	13,040	12,110
	被服・はき物費	23,902	21,085	18,876
	保健医療費	8,670	9,334	10,884
	交通通信費	33,499	38,524	40,610
	教育費	16,827	18,468	17,813
	教養娯楽費	31,761	33,220	35,284
	交際費	28,630	30,819	28,303
	その他	61,938	63,264	60,944

1. 消費支出の内訳のうち、1990 年に対する 1999 年の増加率が最も大きいのは保健医療費である。
2. 消費支出に占める割合が各年とも 10 パーセントを超えているのは、食料費、交通通信費及び教養娯楽費である。
3. 可処分所得（実収入から非消費支出を引いた値）をみると、1999 年は 1990 年を下回っている。
4. 可処分所得に対する消費支出の割合（平均消費性向）をみると、1999 年は 1995 年を下回っている。
5. 実収入から実支出を引いた額は年々増加傾向にあるので、預貯金の額も増加している。

肢1　保健医療費は、8,670→10,884で2,000ちょっとの増加ですから、1990年に対して2割以上は増加していますが3割には満たないですね。それに対して住居費は16,475→22,614で6,000ちょっとの増加ですから、こちらは3割以上増加していますね。
　よって、増加率が最も大きいのは保健医療費ではありません。

肢2　教養娯楽費は1990年，1995年で10％に満たないのは明らかでしょう。

肢3　非消費支出は実支出から消費支出を引いた値ですね。1990年，1999年とも80,000～90,000程度で大きな差はありませんが、実収入は1999年のほうが50,000以上増加していますから、可処分所得は1990年＜1999年とわかります。

肢4　非消費支出は、1995年は90,000にちょっと満たないですが1999年は90,000をちょっと上回っています。しかし、両者の差は2,000～3,000程度でしょう。ところが、実収入は1999年のほうが4,000近く多いので、可処分所得は1995年＜1999年と考えられます。
　対する消費支出は1995年＞1999年ですから、可処分所得に対する消費支出の割合は1995年＞1999年と判断できますので、本肢は確実にいえますね。
　とはいっても、1995年と1999年では実収入、実支出、消費支出ともほとんど差はなく、多少面倒ですね。肢1から見てきたのであれば、ここは後に回して、肢5を見るのが賢明でしょう。

肢5　まず、この5年おきのデータから「年々増加傾向」なのかはわかりませんし、実収入と実支出の差と預貯金の関係も判断はできません。

4

小太郎の電卓部屋

1995年の可処分所得
570,818 − (438,307 − 349,664) = 482,175
1999年の可処分所得
574,676 − (436,943 − 346,177) = 483,910
1995年の割合
349,664 ÷ 482,175 ≒ 0.725
1999年の割合
346,177 ÷ 483,910 ≒ 0.715

Standard 15

目標時間 5 分

下図は、ある国の家計における実質的消費支出の割合が、2004 年以降常に10%以上を占めている 4 費目のグラフである。矢印の始点（○）は、2009 年の2004 年に対する変化を、終点（●）は、2014 年の 2009 年に対する変化を表している。

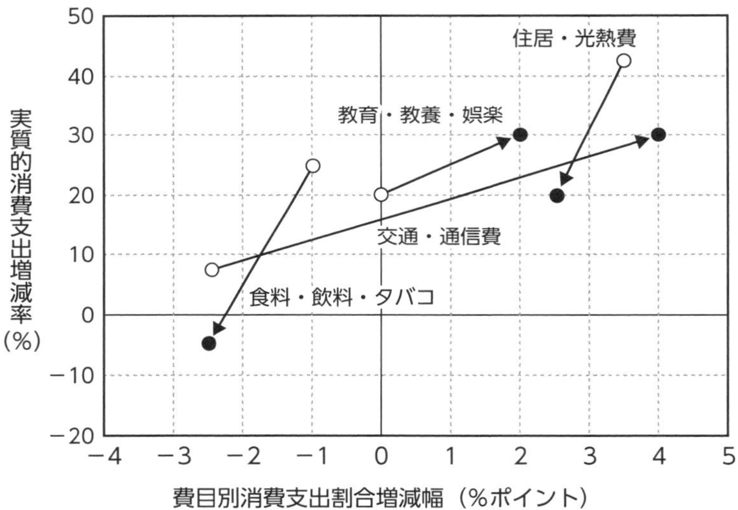

これに関する以下の記述の ア ～ エ に入る言葉の組合せとして正しいものはどれか。　　出典 地方上級 2015

① 実質的消費支出について、2009 年と 2014 年のいずれも 5 年前と比較して増加している費目は、 ア 費目ある。

② 費目別消費支出の割合が 2004 年と比べて 2014 年が 5%ポイント以上増加している費目は、 イ のみである。

③ 教育・教養・娯楽について、2009 年の実質的消費支出は 2004 年よりも増加しているのに対して、費目別消費支出の割合は変化していない。つまり、実質的消費支出全体の合計が、2004 年と比べて 2009 年は 20% ウ しているといえる。

④　交通・通信費と教育・教養・娯楽の 2009 年に対する 2014 年の実質的消費支出の増減率は同じであるが、費目別消費支出割合の増加幅は交通・通信費のほうが大きい。これにより、2009 年の実質的消費支出は［ エ ］のほうが多かったと言える。

	ア	イ	ウ	エ
1.	2	住居・光熱費	増加	教育・教養・娯楽
2.	2	交通・通信費	減少	交通・通信費
3.	3	住居・光熱費	増加	交通・通信費
4.	3	住居・光熱費	減少	教育・教養・娯楽
5.	3	交通・通信費	減少	交通・通信費

①　実質的消費支出増減率（縦軸）が、○と●のいずれもプラスの範囲にある費目を数えればいいので、「食料・飲料・タバコ」を除く 3 費目で、アには「3」が入ります。

肢 1，2 が消去できるよ！

②　横軸の数値は、たとえば、ある費目の実質的消費支出割合が、2004 年に 20％だったのが、2009 年に 24％になったら、増減幅はプラス 4％ポイントという意味です。さらに、2009 年 → 2014 年で 24％ → 27％になったら、プラス 3％ポイントで、2004 年 → 2014 年では 4 ＋ 3 ＝ 7（％ポイント）増えたことになりますね。

すなわち、費目別消費支出割合の「2004 年 → 2009 年の増減幅＋ 2009 年 → 2014 年の増加幅」が 5％ポイント以上になる費目を探せばいいので、「住居・光熱費」が、約 3.5 ＋ 2.5 ＝ 6.0 で、この費目のみとわかります。

よって、イには「住居・光熱費」が入ります。

ちょっと補足

ちなみに増減率は 20 → 24 だと 20％アップだね。増減幅と増減率は違うので注意しよう！
増減幅のように、％の数値の差を表すときは「％ポイント」または「ポイント」という単位を使うんだよ（241 ページ参照）。

ここで
選択肢を斬る！

肢 3 と 4 に絞られた！

③「教育・教養・娯楽」は、2004 年 → 2009 年で 20％増加していますが、割合の増減幅は 0％ポイントで、確かに変化ありません。これは、合計も同じく 20％増加したからですよね（テクニック⑦）。

よって、ウには「増加」が入り、ここで、肢 3 が正解とわかります。

ちょっと補足

たとえば、合計が 100 → 120 に 20％増加して、教育・教養・娯楽も 10 → 12 に 20％増加すると、その割合は 10％で変わりナシってことだね。

④「交通・通信費」と「教育・教養・娯楽」は、2009年→2014年の増加率はいずれも30%ですが、割合の増加幅は前者が4%ポイント、後者は2%ポイントで、前者のほうが大きいですね。同じ増加率なのに増加幅が大きいのは、もとになる2009年の割合が大きかったことを意味しますので、2009年の実質的消費支出は前者のほうが多かったと判断できます。

よって、エには「交通・通信費」が入ります。

3

ナットクいかない方はこちら

たとえば、Aの割合が20%から24%に、Bの割合が10%から12%にそれぞれアップしたとすると、増加率は同じだけど、増加幅はAのほうが大きいよね。

MEMO

Standard 16

目標時間 5 分

下の表は、2016 年度のタブレット端末国内出荷台数と各四半期における前年度比及び前々年度比をまとめたものである。この表から判断できることとして、最も妥当なのはどれか。

出典 東京消防庁Ⅰ類 2018

	第 1 四半期（4 － 6 月）	第 2 四半期（7 － 9 月）	第 3 四半期（10 － 12 月）	第 4 四半期（1 － 3 月）
出荷台数（2016 年度）	157,000 台	166,000 台	247,000 台	177,000 台
前年度比	116.2%	102.3%	89.6%	60.3%
前々年度比	96.3%	88.3%	98.4%	65.6%

1. 第 1 四半期において、前々年度より前年度の方がタブレット端末国内出荷台数は増加している。
2. 前年度において、第 2 四半期におけるタブレット端末国内出荷台数は第 1 四半期から減少している。
3. 前々年度において、タブレット端末国内出荷台数が最も多いのは第 3 四半期である。
4. 前年度の第 4 四半期のタブレット端末国内出荷台数は、30 万台を下回っている。
5. 前年度のタブレット端末国内出荷台数の合計は、2016 年度のタブレット端末国内出荷台数の合計を下回っている。

肢 1　第 1 四半期の 2016 年度は、前年度比が 100% を超えていますから、前年度より増加しています。すなわち、前年度は 2016 年度より少なかったとわかります。

対して、前々年度比は 100% を下回っていますので、前々年度は 2016 年度より多かったわけで、前年度＜前々年度とわかります。

よって、前々年度より前年度は増加してはいません。

肢 2　「前年度×前年度比＝ 2016 年度」より、前年度は「2016 年度÷前年度比」で求められます。

これより、第１四半期と第２四半期の前年度を比較すると次のようにわかりますね。

（第１四半期）　　　　（第２四半期）

$$\frac{157{,}000}{116.2} < \frac{166{,}000}{102.3}$$

第２四半期は第１四半期から減少してはいません。

肢３　前々年度比が小さい第４四半期と比較しましょう。肢２と同様に、「2016 年度÷前々年度比」を、テクニック②を使って次のように比較します。

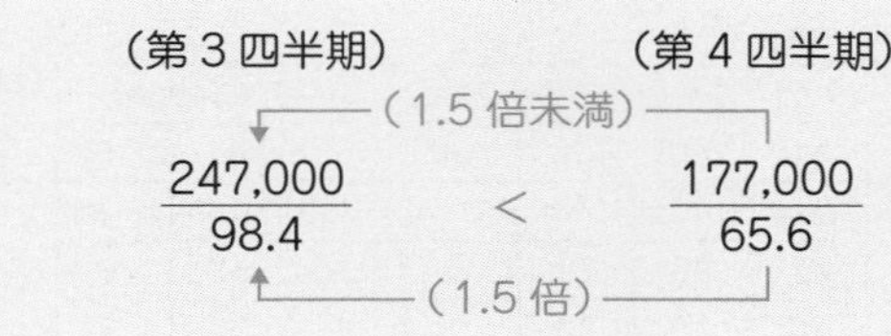

第４四半期のほうが多いですね。

肢４　前年度の第４四半期は、177,000 ÷ 0.603 で求められますが、ざっくり計算しても 300,000 はなさそうですね。

また、仮に前年度が 300,000 を超えているなら、2016 年度は 300,000 × 0.603 を超えるわけですから 180,000 以上になるでしょう。

いずれにしても、300,000 を超えていないのがわかり、本肢は妥当ですね。

肢５　肢４より、第４四半期の前年度は 300,000 には及ばないものの、2016 年度より 100,000 以上多かったと判断できます。

これに対して、第１四半期と第２四半期では前年度より 2016 年度のほうが増えていますが、いずれも増加率はわずかですから、100,000 まで増えていないでしょう。

よって、合計では、前年度 ＞ 2016 年度と判断できますね。

正解　4

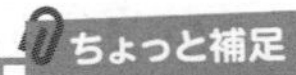

第２四半期のほうが、分子が大きく分母が小さいよね。
分母は、正確には「1.162」と「1.023」だけど、比較だからこのままで十分！

これが小さいほど、2016 年度より多いってことだよね。

一応、確認するよ。
第１四半期
157,000 ÷ 1.162 ≒ 135,112
第２四半期
166,000 ÷ 1.023 ≒ 162,268
第３四半期
247,000 ÷ 0.896 ≒ 275,670
第４四半期
177,000 ÷ 0.603 ≒ 293,532
前年度合計 866,582
2016 年度合計 747,000

Standard 17

目標時間 6 分

表Ⅰは、余暇の過ごし方について、現状一番多くしていること（「現状一番目」）・将来したいこと（「将来」）を、若年層，中年層，高年層の三つの年層別に、1973年と 2018 年で比較したものであり、表Ⅱはその回答者数である。これらからいえることとして最も妥当なのはどれか。　出典 国家一般職 2021

表Ⅰ　年層別余暇の過ごし方（現状一番目・将来）

（%）

	若年層（16 ～ 29 歳）			中年層（30 ～ 59 歳）			高年層（60 歳以上）		
	現状一番目		将来	現状一番目		将来	現状一番目		将来
質問項目	1973年	2018年	2018年	1973年	2018年	2018年	1973年	2018年	2018年
好きなことをして楽しむ	54	56	42	38	43	43	39	47	45
友人や家族との結びつきを深める	13	18	20	12	23	21	9	12	17
体をやすめて、あすに備える	15	15	6	31	22	6	31	17	8
知識を身につけたり、心を豊かにする	9	3	17	11	6	15	9	9	13
運動をして、体をきたえる	7	7	11	4	6	9	4	12	7
世の中のためになる活動をする	1	0	3	2	1	6	3	2	7

（注）四捨五入等の関係により、割合の合計が 100%にならない場合がある。

表Ⅱ　回答者数

（単位：人）

	若年層	中年層	高年層
1973 年	1,244	2,392	607
2018 年	270	1,185	1,296

1．若年層で、1973 年に現状一番多くしていることを「知識を身につけたり、心を豊かにする」と答えた者の数は、高年層で、2018 年に将来したいことを「知識を身につけたり、心を豊かにする」と答えた者の数より多い。
2．高年層で、1973 年に現状一番多くしていることを「体をやすめて、あすに備える」と答えた者の数は、高年層で、2018 年に将来したいことを「体をやすめて、あすに備える」と答えた者の数より少ない。
3．1973 年に現状一番多くしていることと、2018 年に現状一番多くしていることを比較した際に、全ての年層で 5%ポイント以上の差がある質問項目は、「友人や家族との結びつきを深める」である。
4. 2018 年に、現状一番多くしていることを「好きなことをして楽しむ」と答えた者の数は、2018 年の全回答者の 5 割を超えている。
5. 中年層で、1973 年に現状一番多くしていることと、2018 年に将来したいことを、質問項目別に比較した際に、両者の人数の差が最も大きいのは、「体をやすめて、あすに備える」である。

まず、1973 年については、「現状一番目」だけで「将来」はありませんので、この区分を省略し、2018 年については、「現状」「将来」と略します。

肢 1 「知識を身につけたり…」と答えた者について、若年層 1973 年は 1,244 人の 9%で、高年層 2018 年「将来」は 1,296 人の 13%ですから、前者のほうが少ないです。

肢 2 高年層で「体をやすめて…」と答えた者について、1973 年は 607 人の 31%で 180 人を超えますが、2018 年「将来」は 1,296 人の 8%で 110 人にも及びません。

よって、前者のほうが多いです。

肢 3 「友人や家族…」と答えた者で、高年層においては、1973 年は 9%、2018 年「現状」は 12%で、その差は 12 − 9 = 3（%ポイント）となり、5%ポイント以上の差はありません。

「%ポイント」については、241 ページ参照！

肢 4 2018 年「現状」で「好きなことをして…」と答えた者は、若年層は 56%で 5 割を超えていますが、中年層は 43%、高年層は 47%で、いずれも 5 割に届きませんね。

では、その過不足を比較すると、若年層で 5 割を超えた分の人数は 270 人の 6%で、中年層で 5 割に足りない分の人数は 1,185 人の 7%ですから、後者のほうが大きく、全回答者数の 5 割に及ばないとわかります。

肢 5 中年層で「体をやすめて…」と答えた者は、1973 年は 31%、2018 年「将来」は 6%で、他の回答と比べてもその差が大きいので、人数の差も大きいと推測できますね。

なので、本肢は妥当と思われますが、一応、人数を確認してみましょう。

まず、「体をやすめて…」の 1973 年は 2,392 人の 31％で 700 人を超え、2018 年「将来」は 1,185 人の 6％で 100 人に及びませんので、その差は 600 人を超えます。

また、1973 年の人数がこれより多い「好きなこと…」を確認すると、1973 年は 2,392 人の 38％で 1,000 人に及びませんが、2018 年「将来」は 1,185 人の 43％で 400 人を超えますから、その差は 600 人に及びません。

さらに、その他の回答については、1973 年はいずれも 2,392 人の 12％以下で、これは 300 人以下ですし、また、2018 年「将来」も 1,185 人の 21％以下で、これも 300 人以下ですから、どちらが多くても、差が 600 を超えることはありません。

よって、差が最も大きいのは「体をやすめて…」と確認できますが、ここまでしなくても十分判断できますよね。

5

MEMO

Standard 18

目標時間 5 分

次の表から確実にいえるのはどれか。　　　　出典 特別区Ⅰ類 2019

自家用旅客自動車のガソリン燃料消費量の対前年度増加率の推移

（単位 %）

種別	平成 26 年度	27	28	29
バス・特種	△ 6.8	1.2	△ 3.4	0.8
普通車	△ 7.2	△ 1.5	△ 1.7	△ 0.2
小型車	△ 8.9	△ 6.8	△ 4.7	△ 5.9
ハイブリッド車	27.0	17.9	13.6	13.8
軽自動車	2.3	0.9	3.9	2.6

（注）△は、マイナスを示す。

1．平成 29 年度において、「バス・特種」の燃料消費量及び「軽自動車」の燃料消費量は、いずれも平成 27 年度のそれを上回っている。
2．表中の各種別のうち、平成 28 年度の燃料消費量の「合計」に占める燃料消費量の割合が、前年度のそれより大きいのは、「普通車」だけである。
3．平成 26 年度の「小型車」の燃料消費量を 100 としたときの平成 29 年度のそれの指数は、90 を上回っている。
4．「ハイブリッド車」の燃料消費量の平成 26 年度に対する平成 29 年度の増加率は、「軽自動車」の燃料消費量のそれの 6 倍より大きい。
5．表中の各年度のうち、「バス・特種」の燃料消費量が最も少ないのは、平成 26 年度である。

肢 1　「バス・特種」の平成 27 年度 → 29 年度は、3.4％減少→ 0.8％増加で、明らかに減少しています。
よって、29 年度は 27 年度を上回っていません。

肢 2　まず、燃料消費量の「合計」が、表中の 5 つの種別の「合計」なのか、それとも、その他の種別もあって、その「合計」なのかわかりませんね。後者の可能性があるなら、その他の情報がないから判断不可能となります。

「軽自動車」はちゃんと増えてるね！

すなわち、この段階で、厳密には正解肢にはなりえないと思われますが、一応、表中の5つの種別の「合計」であるとして確認してみます。

テクニック⑦より、平成28年度の増加率が、同年度の「合計」の増加率を上回れば、「合計」に占める割合が前年度より大きくなっているとわかります。

ただ、それぞれの種別の割合が不明ですので、「合計」の増加率も不明ですが、各種別の増加率で最も低い「−4.7%」から最も高い「13.6%」の間であることは間違いありません。

そうすると、「普通車」の増加率が「合計」の増加率を上回るかはわかりませんが、少なくとも、「ハイブリッド車」の増加率13.6%は、「合計」の増加率を上回っていますので、「ハイブリッド車」の「合計」に占める割合は前年度より大きいと判断できます。

肢3 「小型車」の平成26年度→29年度は、6.8%減少→4.7%減少→5.9%減少で、明らかに10%以上減少しています。

よって、29年度の指数は90を下回ります。

肢4 「ハイブリッド車」と「軽自動車」の平成26年度→29年度の増加率を足し算すると、次のようになります（テクニック⑥）。

「ハイブリッド車」	17.9 + 13.6 + 13.8 = 45.3
「軽自動車」	0.9 + 3.9 + 2.6 = 7.4

この数字だけでも、「ハイブリッド車」は「軽自動車」の6倍以上ありますね。実際の増加率は、それぞれここにやや上乗せするわけですが、増加率の大きい「ハイブリッド車」のほうが、上乗せ分も大きいので、十分に6倍以上と判断できます。

よって、本肢は確実にいえます。

肢5 「バス・特種」は平成26年度→28年度で、1.2%増加→3.4%減少で、明らかに減少しています。

よって、26年度＞28年度となり、最も少ないのは26年度ではありません。

正解 4

ナットクいかない方はこちら

たとえば、5種のうちで「小型車」の割合が99.9%とかだと、「合計」の増加率≒「小型車」の増加率になるから、「合計」の増加率は−4.7%に近い数字になるでしょ！ 同様に、「ハイブリッド車」が99.9%だと、13.6%に近い数字になる。だから、その割合は不明で、いくらになるかわからないけど、−4.7から13.6の間の数字になることはわかるよね。

小太郎の電卓部屋

26年度を100とするよ。
「ハイブリッド車」
100×1.179×1.136×1.138
≒152.4
「軽自動車」
100×1.009×1.039×1.026
≒107.6
増加率はそれぞれ52.4%, 7.6%だから、52.4÷7.6≒6.9（倍）になるね。

Standard 19

目標時間 5 分

次の図は、我が国の家庭用ゲーム会社のハードウェア及びソフトウェア製品の出荷状況を示したものである。棒グラフは、ハードウェア及びソフトウェアそれぞれの出荷額で、単位は億円である。製品は国内向け及び海外向けに分類され、折れ線グラフのハード海外向け及びソフト海外向けは、ハードウェア及びソフトウェアそれぞれの出荷額に占める海外向けの割合で、単位は％である。この図から言えることとして、最も妥当なのはどれか。

出典 警視庁Ⅰ類 2015

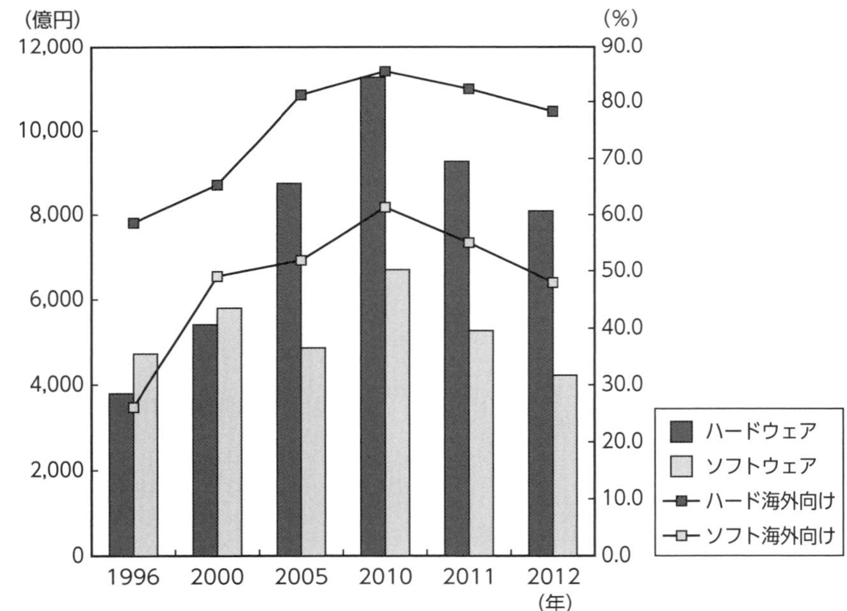

1. 家庭用ゲーム製品の 2010 年における海外向けハードウェア出荷額は、1996 年のそれの 2 倍以上 3 倍未満である。
2. 家庭用ゲーム製品の 2010 年における国内向け出荷額は、ハードウェアのそれがソフトウェアよりも多い。
3. 家庭用ゲーム製品の 2010 年における海外向けソフトウェア出荷額は、2005 年のそれの 1.5 倍弱である。

4．家庭用ゲーム製品の2012年における国内向けハードウェア出荷額は、前年に比べて300億円以上減少している。
5．家庭用ゲーム製品の2012年における海外向け総出荷額中に占めるソフトウェアの比率は、30％に満たない。

肢1　2010年の海外向けハードウェアは、約11,300×85％で、これは9,000を超えます。

一方、1996年のそれは、約3,800×60％で、3,000に及びません。

よって、前者は後者の3倍を超えています。

肢2　2010年の国内向けハードウェアは、約11,300×15％で、これは2,000に及びません。

一方、ソフトウェアのそれは、約6,700×38％で、2,000を超えます。

よって、ソフトウェアのほうが多いですね。

肢3　2010年の海外向けソフトウェアは、約6,700×62％で、4,000以上あります。

一方、2005年のそれは、約4,800×53％で、2,500ほどです。

よって、前者は後者の1.5倍よりやや多いですね。

肢4　2011年の国内向けハードウェアは、約9,200×17％で、これは1,600に及びません。

一方、2012年のそれは、約8,000×22％で、1,700以上あります。

よって、2011年→2012年で減少してはいません。

肢5　2012年の海外向けハードウェアは、約8,000×78％で、これは6,000を超えます。

一方、ソフトウェアのそれは、約4,200×48％で、これは2,000程度です。

よって、前者は後者の3倍以上ありますので、合計に占める後者の割合は30％に満たず、本肢は妥当です。

正解　5

グラフの数値は、そんなに細かく読み取らなくても、選択肢の判断ができる程度でOK！

ハードウェアの「棒グラフの値×折れ線グラフの値」だよ。

海外向けが約85％だから、国内向けは約15％だよね。

6,700×60％でも4,020になるからね。

8,000×75％で6,000だからね。

ちょっと補足

ハード＝3、ソフト＝1としても、合わせて4だから、ソフトの割合は$\frac{1}{4}$＝25％だよね。

Standard 20

目標時間 5 分

次の図から正しくいえるのはどれか。　　出典 東京都Ｉ類 2003

全世界及び西ヨーロッパにおける男女別海外在留邦人数の対前年増加率の推移

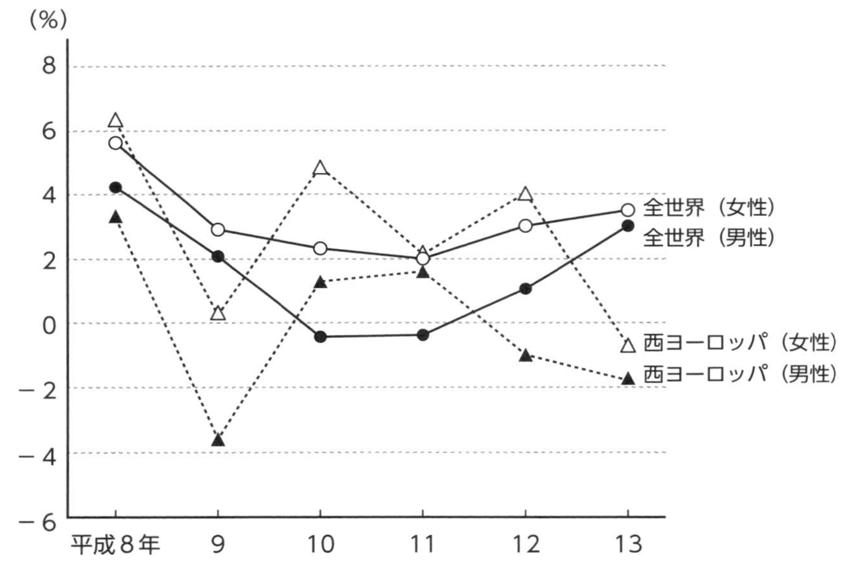

1．全世界の男性の海外在留邦人数に占める西ヨーロッパの男性の海外在留邦人数の割合についてみると、平成 13 年は 9 年を上回っている。
2．平成 7 年における西ヨーロッパの女性の海外在留邦人数を指数 100 としたとき、12 年の指数は 120 を上回っている。
3．平成 8 年から 13 年までの各年における全世界の海外在留邦人数についてみると、男性に対する女性の比率が最も小さいのは 13 年である。
4．平成 9 年から 13 年までのうち、全世界の男性の海外在留邦人数が最も多いのは 13 年であり、最も少ないのは 10 年である。
5．平成 9 年から 13 年までの各年における西ヨーロッパの海外在留邦人数についてみると、女性が前年に比べて減少した年は男性も前年に比べて減少している。

肢1　テクニック⑦より、全世界の増加率＜西ヨーロッパの増加率ならOKですね。平成9年に対して13年の全世界の男性は、約0.4％減少→約0.3％減少→約1％増加→約3％増加で、テクニック⑥から足し算で判断しても3％程度は増加しているでしょう。

対する西ヨーロッパのそれは、約1.3％増加→約1.7％増加→約1％減少→約1.8％減少で、こちらは1％も増加してはいないようですね。割合は下回っているとわかります。

9年を100とすると、
全世界
100 × 0.996 × 0.997 × 1.01 × 1.03 ≒ 103.3
西ヨーロッパ
100 × 1.013 × 1.017 × 0.99 × 0.982 ≒ 100.2

肢2　こちらもテクニック⑥を使いましょう。平成8年から順におよその増加率を足し算して、6.2 ＋ 0.1 ＋ 4.9 ＋ 2 ＋ 4 ＝ 17.2ですから、多少上乗せしても20％は厳しいですね。消去してよさそうですが、気になるようなら後回しでしょう。

100 × 1.062 × 1.001 × 1.049 × 1.02 × 1.04 ≒ 118.3

肢3　全世界についてはいずれの年においても、男性の増加率＜女性の増加率ですよね。テクニック⑦でわかるように、男性に対する女性の比率は毎年上がっていることになります。そうすると、最も小さいのは平成8年になりますね。

肢4　全世界の男性は、平成10年，11年が少々減少していますが、12年からは挽回していますから、最後の13年が最も多いというのはOKでしょう。しかし、11年が減少していますので10年＞11年となり、最も少ないのは10年ではありませんね。

肢5　西ヨーロッパで女性が減少したのは平成13年のみで、この年は男性も減少しています。本肢が正しいですね。

5

深呼吸

LEVEL

ちょっとレベルが上がってくるよ。
面倒な選択肢を後に回すとか、
時間の使い方を考えながら解こう！

Standard 21

目標時間 5 分

表は、我が国における国立公園，国定公園，都道府県立自然公園の公園数及び年間利用者数の推移を示したものである。これから確実にいえるのはどれか。

出典 国家専門職 2017

年次	国立公園		国定公園		都道府県立自然公園		合計	
	公園数	年間利用者数（千人）	公園数	年間利用者数（千人）	公園数	年間利用者数（千人）	公園数	年間利用者数（千人）
平成 10	28	381,020	55	301,030	306	264,660	389	946,710
11	28	381,560	55	296,165	307	274,537	390	952,262
12	28	366,363	55	296,766	307	273,644	390	936,773
13	28	368,000	55	296,972	308	269,760	391	934,732
14	28	369,547	55	296,250	308	270,182	391	935,979
15	28	357,923	55	293,077	308	265,716	391	916,716
16	28	351,350	55	290,645	309	266,123	392	908,118
17	28	351,837	55	293,957	309	259,475	392	905,269
18	28	352,769	55	288,882	309	264,017	392	905,668
19	29	354,232	56	294,756	309	267,857	394	916,845
20	29	345,763	56	291,703	309	257,332	394	894,798
21	29	343,559	56	291,436	311	262,851	396	897,846
22	29	340,872	56	284,644	312	261,328	397	886,844
23	29	309,043	56	270,010	314	228,856	399	807,909
24	30	332,988	56	273,671	315	237,215	401	843,874

1．平成 10 ～ 24 年の間、いずれの年も、国立公園の 1 公園当たりの年間利用者数は、11,000 千人を上回っている。
2．平成 19 ～ 24 年の国定公園についてみると、前年と比較して年間利用者数が最も増加したのは、平成 24 年である。
3．平成 10 ～ 18 年の間、いずれの年も、国立公園の 1 公園当たりの年間利用者数は、国定公園のそれの 2 倍を上回っている。
4．平成 10 年と平成 20 年を比較すると、国立公園、国定公園のいずれも、1 公園当たりの年間利用者数は 1,000 千人以上減少している。

5．平成10～24年の間、国立公園、国定公園、都道府県立自然公園の合計の公園数に占める都道府県立自然公園の割合は、年々増加している。

肢1　国立公園の利用者数が最も少ない平成23年を確認します。この年の公園数は29で、これに11,000を掛けると、29 × 11,000 = 319,000になりますが、利用者数はこれを下回っています。

この年だけ極端に少ないね！

肢2　国定公園の平成23年→24年は、270,010→273,671で、3,661増加しています。

この引き算はカンタンだね！

一方、18年→19年では、288,882→294,756で、5,000以上増加していますね。

よって、最も増加したのは24年ではありません。

肢3　平成10年～18年の公園数を見ると、いずれも国立公園は28、国定公園は55で、国立公園は国定公園の半数程度です。

しかし、利用者数は、いずれの年も国立公園のほうがかなり上回っていますので、1公園当たり利用者数は、国立公園が国定公園の2倍を超えており、本肢は確実にいえます。

ちょっと補足

利用者が同じで公園数が半分なら、ちょうど2倍になるよね。公園数は半分よりほんのちょっと多いけど、利用者数はどの年も1.2倍前後かそれ以上だから、明らかに2倍以上あるよね。

肢4　国定公園の平成10年の利用者数は301,030で、公園数は55ですから、1公園当たり6,000に足りません。

一方、20年の利用者数は291,703で、公園数は56ですから、1公園当たり5,000以上ありますね。

56 × 5,000 = 280,000だからね。

よって、1,000以上の減少はありません。

肢5　国立公園と国定公園がともに1公園増えた平成19年に着目すると、この年の都道府県立自然公園は増えていませんから、合計に対する都道府県立自然公園の割合は減少しています。

ちょっと補足

こういうことね。

（18年）　（19年）

$$\frac{309}{392} > \frac{309}{394}$$

3

Standard 22

目標時間 5 分

下の表は、平成 23 年における大豆の生産量の上位 10 県について、平成 23 年と平成 28 年の都道府県別生産割合と、全国の生産量の合計を表したものである。この表から言えることとして最も妥当なものはどれか。　出典 裁判所職員 2019

大豆の生産量上位都道府県生産割合（%）

	平成 23 年	平成 28 年
北海道	27.4	35.0
佐賀	8.8	5.3
福岡	7.6	5.1
宮城	7.4	7.8
秋田	4.6	5.4
新潟	4.1	4.2
滋賀	3.7	4.3
富山	3.2	2.6
山形	3.1	3.3
青森	2.9	3.1
全国生産量（t）	218,769	235,462

（農林水産省「大豆関連データ集」『大豆生産都道府県順位』より作成）

1. 平成 23 年の富山県の生産量は、平成 28 年の山形県の生産量よりも多い。
2. 平成 23 年の秋田県の生産量は、平成 28 年の新潟県の生産量よりも多い。
3. 平成 23 年、平成 28 年のどちらも、上位 5 県で全国の生産量の 60%を超えている。
4. 平成 23 年の北海道と佐賀県を合わせた生産量は、平成 28 年の北海道の生産量よりも多い。
5. 青森県の平成 23 年と平成 28 年の生産量を比べると、平成 28 年のほうが 1,000t 以上多い。

肢 1　平成 23 年の富山県と、28 年の山形県では、全国生産量，生産割合のいずれも後者のほうが大きいので、後者の生産量のほうが多いとわかります。

肢 2　平成 23 年の秋田県と 28 年の新潟県の生産量を、テクニック①を使って、次のように比較します。

（23 年秋田県）　　　　（28 年新潟県）

（1.1 倍弱）

218,769 × 4.6%　＞　235,462 × 4.2%

（1.08 倍未満）

よって、本肢は妥当です。

218,769 と 235,462 の差は 17,000 弱で、これは 218,769 の 7％以上あるけど、8％には満たないね。一方、4.6 と 4.2 の差は 0.4 で、これは 4.2 の 10％近くになるよね。

肢 3　上位 5 県の生産割合の合計ですが、ざっくりでいいので、足し算してしまいましょう。側注の電卓部屋のように、いずれも 60% に足りませんね。

小太郎の電卓部屋

23 年　27.4 ＋ 8.8 ＋ 7.6 ＋ 7.4 ＋ 4.6 ＝ 55.8（%）

28 年　35.0 ＋ 7.8 ＋ 5.4 ＋ 5.3 ＋ 5.1 ＝ 58.6（%）

肢 4　平成 23 年の北海道と佐賀県を合わせると、27.4 ＋ 8.8 ＝ 36.2（%）になります。これと 28 年の北海道を、肢 2 と同様に比較します。

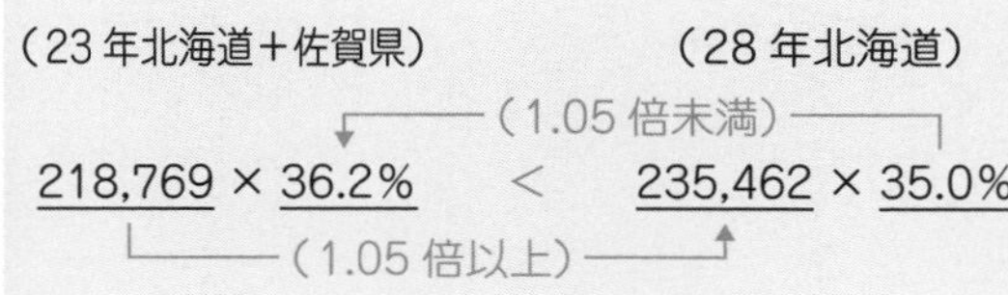

よって、28 年の北海道のほうが多いですね。

肢 5　青森県の平成 23 年は、218,769 × 2.9％で、これは 6,000 以上ありますね。

210,000 × 3%＝ 6,300 だから、これくらいはありそうだね。

また、28 年は 235,462 × 3.1％で、7,000 以上あります。

240,000 × 3% ＝ 7,200 だから、これくらいかな。

そうすると、1,000 以上増加しているかはやや微妙ですね。ある程度の計算は必要でしょう。側注の電卓部屋で確認すると、1,000 にやや足りないのがわかりますね。

23年　218,769 × 0.029 ≒ 6,344

28年　235,462 × 0.031 ≒ 7,299

増加数　7,299 − 6,344 ＝ 955

2

Standard 23

目標時間 5 分

図Ⅰは児童相談所における児童虐待に関する相談対応件数の推移を、図Ⅱはその相談種別構成の割合の推移を示したものである。これらから確実にいえるのはどれか。

出典 国家専門職 2018

図Ⅰ　児童虐待に関する相談対応件数の推移

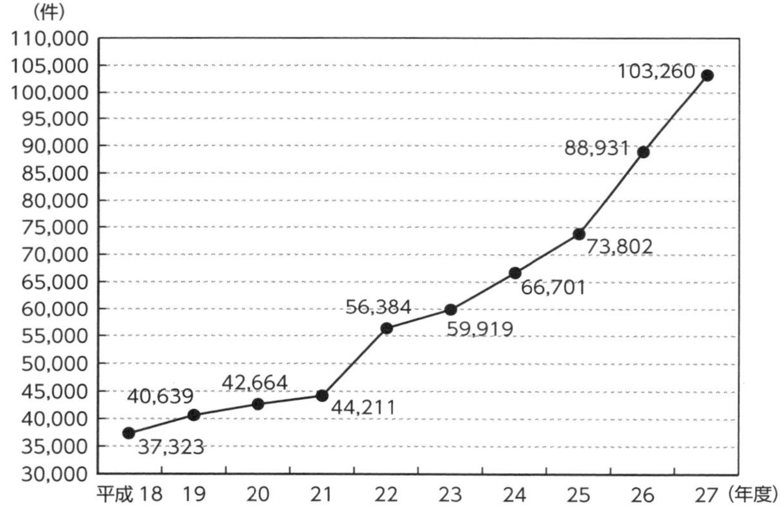

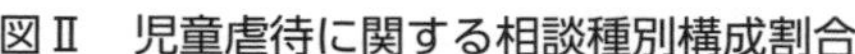

図Ⅱ　児童虐待に関する相談種別構成割合

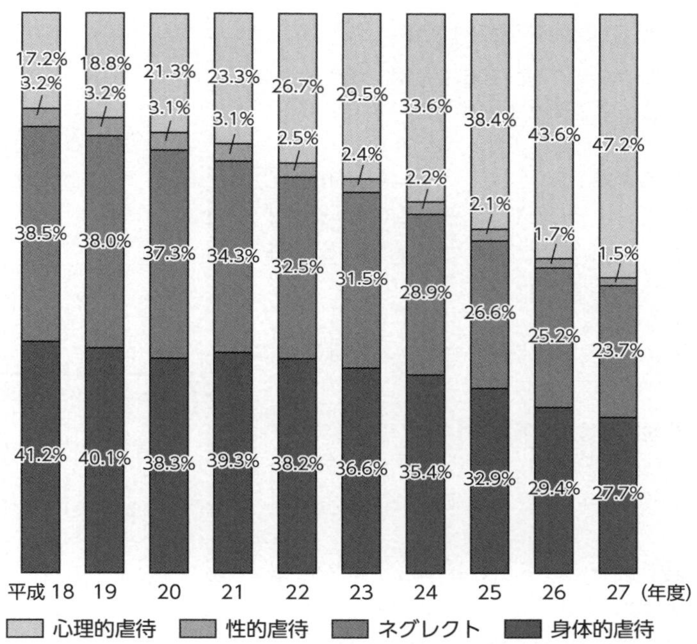

（注）四捨五入の関係により構成割合の合計が 100%にならない場合がある。

1．平成 19 ～ 27 年度における相談対応件数は、いずれの年度においても前年度と比べて 1.2 倍未満である。
2．平成 19 年度のネグレクトの相談対応件数は、平成 23 年度のそれより少ない。
3．平成 22 年度の身体的虐待の相談対応件数の対前年度増加率は、平成 23 年度のそれより小さい。
4．平成 27 年度の性的虐待の相談対応件数は、平成 20 年度のそれの 1.5 倍を上回っている。
5．平成 27 年度の心理的虐待の相談対応件数は、平成 24 年度のそれに比べ、3 万件以上増加している。

肢1　グラフの伸びが大きい平成21年度→22年度を確認すると、44,211→56,384で、12,000以上増加しており、これは44,211の2割以上です。

よって、22年度は前年度の1.2倍を上回ります。

肢2　ネグレクトの平成19年度と23年度を、次のように比較します（テクニック①）。

（平成19年度）　　（平成23年度）

（1.3倍未満）

40,639 × 38.0%　＜　59,919 × 31.5%

（1.3倍以上）

よって、19年度のほうが小さく、本肢は確実にいえます。

肢3　相談対応件数は、平成21年度→22年度では、肢1より2割以上増加していますが、22年度→23年度では、56,384→59,919で、1割まで増加していません。

また、身体的虐待の構成割合は、21年度→22年度では、39.3%→38.2%で、その差は1.1%ですが、22年度→23年度では、38.2%→36.6%で、その差は1.6%ですから、後者のほうが減少率は高いと判断できます。

よって、21年度→22年度のほうが、相談対応件数の増加率が高く、構成割合の減少率が低いので、対前年増加率は22年度のほうが大きいとわかります。

肢4　性的虐待の構成割合は、平成20年度→27年度で、3.1%→1.5%と、半分以下になっています。そうすると、件数が1.5倍になるには、相談対応件数が3倍以上必要になりますが、42,664→103,260で、3倍に及びません。

よって、1.5倍を上回ることはありません。

肢5　平成24年度の心理的虐待は66,701 × 33.6%で、これは22,000以上ありますね。

一方、27年度のそれは、103,260 × 47.2%で、せいぜい50,000程度です。

よって、30,000も増加してはいませんね。

ナットクいかない方はこちら

対前年減少率は次のように表せるね。

（22年度）　$\frac{1.1}{39.3}$　　（23年度）　$\frac{1.6}{38.2}$

分母はあまり変わらないけど、分子は23年度のほうがずっと大きいよね。

身体的虐待の件数は、「相談対応件数×構成割合」だからね。

33.6%って、$\frac{1}{3}$ちょいだからね。

2

Standard 24

目標時間 5 分

次の表は、20 年ごとの我が国の 0 歳～ 14 歳、15 歳～ 64 歳、65 歳以上の年齢 3 区分別人口の推移を、1930 年の総人口を 100 とする指数で表したものである。2010 年の 15 ～ 64 歳の人口が 8,100 万人であるとき、この表から言えることとして、最も妥当なのはどれか。

出典 警視庁Ⅰ類 2016

	総人口	0 ～ 14歳	15 ～ 64歳	65歳以上		不詳
					内75歳以上	
1930 年	100.0	36.6	58.7	4.8	1.4	0.0
1950 年	130.5	46.2	77.8	6.4	1.7	0.0
1970 年	162.4	39.0	111.9	11.5	3.5	0.0
1990 年	191.8	34.9	133.3	23.1	9.3	0.5
2010 年	198.7	26.1	125.7	45.4	21.8	1.5

（注）端数処理のため、各指数の合計が総人口の指数にならない場合がある。

1．1930 年の 75 歳以上の人口は、100 万人を超えている。
2．1950 年の 0 ～ 14 歳の人口は、2010 年のそれより 1,500 万人以上多い。
3．1970 年の総人口は、1 億人を超えている。
4．1990 年の 65 歳以上の人口は、2,000 万人を超えている。
5．2010 年の 65 歳以上の人口は、1930 年のそれより 3,000 万人以上多い。

表中の数字はすべて1930 年の総人口を100 とした指数です。つまり、基準が同じですから、どの数値も比較が可能です。

そして、2010 年の 15 ～ 64 歳の指数は 125.7 ですが、条件より、その実数が 8,100 万人と与えられていますので、これより、指数 1 にあたる実数を計算すると、次のようになります。

8,100 ÷ 125.7 ≒ 64.4（万人）

では、これをもとに、各肢を検討しましょう。

ワンポイントアドバイス One Point Advice

選択肢はいずれも実数が出てくるので、ここで、指数 1 にあたる実数を出しておくとあとがラクになる！ ちょっと面倒でも、「64」くらいまで計算しよう！ ちなみに、$\frac{1}{125}=\frac{8}{1{,}000}$ だから、$8{,}100\times\frac{8}{1{,}000}=64.8$ よりちょっと小さいってカンジでいいかも！

肢1　1930年の75歳以上の指数は1.4ですから、その人口は、64.4 × 1.4で求められますが、これは100に及びませんね。

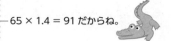

65 × 1.4 = 91だからね。

肢2　0〜14歳の、1950年と2010年の指数の差は、46.2 − 26.1 = 20.1ですから、人口の差は、64.4 × 20.1で、1,500に及びません。

65 × 20 = 1,300だしね！

肢3　1970年の総人口は、64.4 × 162.4で、これは10,000を超えます。よって、10,000万人＝1億人を超え、本肢は妥当です。

65 × 160 = 10,400だし！

肢4　1990年の65歳以上の人口は、64.4 × 23.1で、これは2,000に及びません。

肢5　65歳以上の、2010年と1930年の指数の差は、45.4 − 4.8 = 40.6ですから、64.4 × 40.6で、これは3,000に及びません。

3

Standard 25

目標時間 5 分

次の図から正しくいえるのはどれか。　　出典 東京都Ⅱ類 2003

わが国の対外直接投資実績の総件数及び金額の地域別構成比の推移

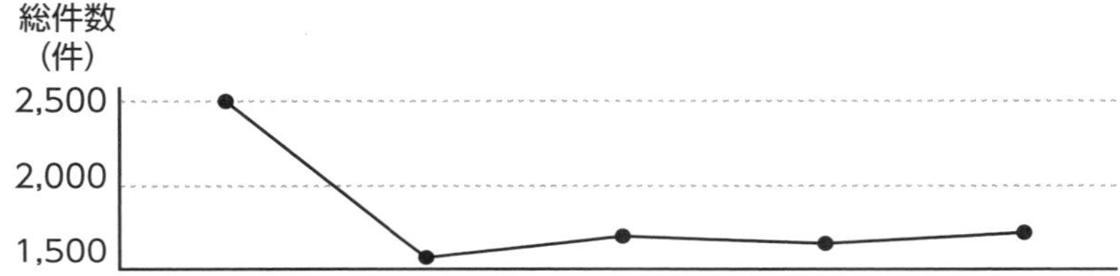

金額の地域別構成比

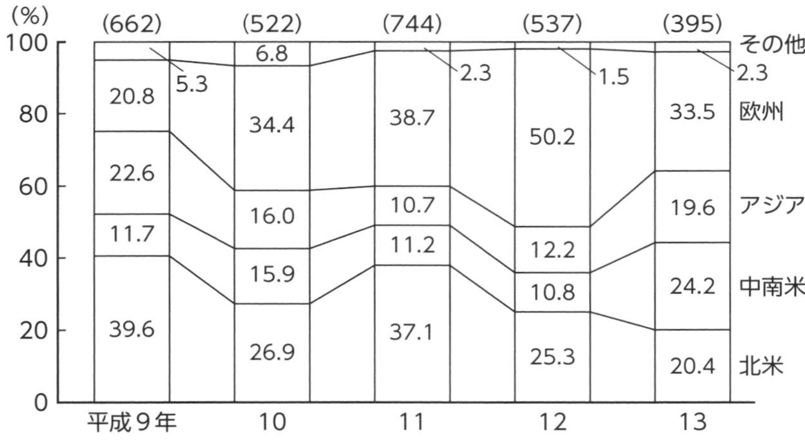

(注)（　）内は、対外直接投資実績の金額の合計（単位：百億円）を示す。

1. 平成９年度から12年度までの各年度の対外直接投資実績の金額についてみると、いずれの年度も、アジアは中南米及びその他の計を上回っている。
2. 平成10年度から13年度までの各年度についてみると、中南米への対外直接投資実績の金額は、いずれの年度も前年度に比べて増加している。
3. 平成９年度に対する13年度の対外直接投資実績の総件数の比率は、９年度に対する13年度の対外直接投資実績の金額の合計の比率を下回る。

4．平成 9 年度から 13 年度までのうち、対外直接投資実績 1 件当たりの金額が最も大きいのは 11 年度であり、最も小さいのは 13 年度である。

5．平成 11 年度に対する 13 年度の対外直接投資実績の金額の減少額について、北米の減少額は欧州の減少額の 2 倍を上回っている。

肢 1　各年度における金額ですから、構成比の大小で判断できますね。平成 11 年度の構成比は、アジア < 中南米ですから、明らかに誤りです。

肢 2　平成 12 年度の中南米は前年に比べて構成比が減少しており、この年は金額の合計も減少しています。当然、合計×構成比は減少しているとわかります。

肢 3　総件数の比率は、平成 9 年度に比べて 13 年度は、約 2,500 → 約 1,750 で、およそ 7 割です。対する金額の合計の比率は、662 → 395 で、6 割程度でしょうか。前者は後者を上回っていますね。

肢 4　金額の合計を総件数で割った値の比率ですが、平成 10 年度から 13 年度までいずれの年も、総件数は 1,600 ～ 1,700 程度で、その幅は 1 割も変動していないことがわかります。しかし、金額の合計は 11 年度がダントツで高く、他の年度を 3 割以上引き離しているのがわかります。11 年度が最も大きいのは OK ですね。

また、同じ 4 か年では 13 年度が最も小さいことも、この年の金額の合計がダントツで低いことから明らかです。そして、9 年度ですが、ここは肢 3 の結果から、金額の合計が、9 年度：13 年度 ≒ 10：6 に対して、総件数のそれは、10：7 ですから、9 年度 ＞ 13 年度とわかり、13 年度が最も小さいのも OK ですね。本肢は正しくいえます。

9 年度は 11 年度と比べると、金額は低く、総件数が多いので論外だね。

金額÷件数だから、

$\frac{10}{10} > \frac{6}{7}$ でしょ！

肢5「減少率」であれば、テクニック④より、構成比の減少率で判断が可能ですが、「減少額」ですよね。それでも金額の合計がほとんど変わらなければ、構成比の減少数で判断が可能ですが、平成11年度→13年度は金額の合計がかなり下がっています。ということは、構成比の変化に差があったとしても、ともに大きく減少していることが考えられますから、一概に構成比だけで判断はできませんね。具体的な金額を検討しましょう。

11年度の金額の合計が744で、構成比は北米，欧州ともに37～38%程度ですね。テクニック③から、700×0.4として、およそ280程度とみておきましょう。対する13年度は、金額の合計が395で、欧州の構成比は3分の1強ですから、130程度でしょうか。そうすると150くらい減っていますね。北米のほうは、構成比が5分の1強なので、80程度ですね。こちらは200くらい減っていますが、欧州の2倍に満たないのは明らかでしょう。

4

ナットクいかない方はこちら

両年度の金額の合計がほぼ同じなら、これをともに100とおくと、構成比がそのまま金額として扱えるので、構成比がいくら減ったかを「減少額」として検討することができるでしょ！

小太郎の電卓部屋

欧州11年度
744×0.387≒287.9
欧州13年度
395×0.335≒132.3
北米11年度
744×0.371≒276.0
北米13年度
395×0.204≒80.6

MEMO

Standard 26

目標時間 6 分

図は、2009 年度及び 2019 年度における、我が国の魚介類の生産・消費構造の変化を示したものである。これから確実にいえることとして最も妥当なのはどれか。

なお、四捨五入の関係により、合計が一致しない場合がある。

出典 国家専門職 2022

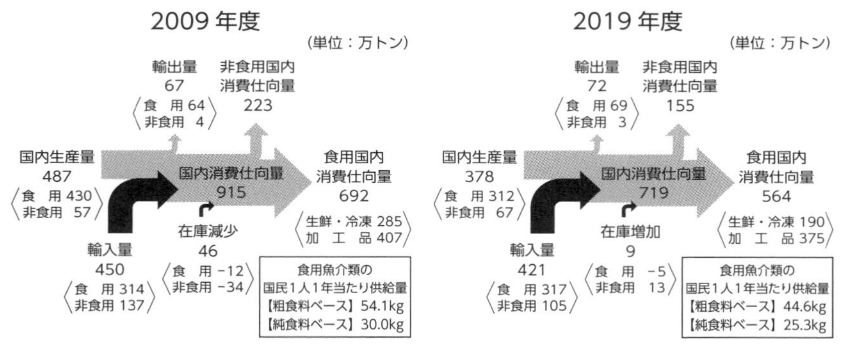

1. 2009 年度についてみると、国内消費仕向量に占める食用国内消費仕向量の割合は、80% を超えており、2019 年度のそれより 10 ポイント以上高い。
2. 2019 年度についてみると、食用国内消費仕向量に占める加工品の割合は、50% を超えており、2009 年度のそれより 5 ポイント以上高い。
3. 2009 年度に対する 2019 年度の食用魚介類の国民 1 人 1 年当たりの供給量の減少率をみると、純食料ベースの方が粗食料ベースより大きいが、減少率は共に 20% 台（20% 以上 30% 未満）である。
4. 2009 年度と 2019 年度とを比較すると、国内生産量に占める非食用の割合は、2009 年度の方が大きいが、国内消費仕向量に占める非食用の割合は、2019 年度の方が大きい。
5. 2009 年度と 2019 年度とを比較すると、国内生産量、輸入量、在庫の量はいずれも 2019 年度の方が少なく、また、2019 年度の輸入量のうち 80% 以上を食用が占めている。

肢1　2009年度の国内消費仕向量は915で、そのうち食用国内消費仕向量は692ですから、割合は80%を超えていません。

900 × 80%＝720だから、915の80%はもっと大きいよね。

また、2019年度の国内消費仕向量は719で、そのうち食用国内消費仕向量は564ですから、割合は70%を超えますので、2009年度のほうが10ポイント以上高くなることもありませんね。

肢2　2019年度の食用国内消費仕向量は564で、そのうち加工品は375ですから、$\frac{2}{3}$近くを占め、割合は66%程度です。

生鮮・冷凍と加工品の比は、190：375 ≒ 1：2だから、$\frac{2}{3}$近くになるよね。

一方、2009年度の食用国内消費仕向量は692で、そのうち加工品は407ですから、割合は60%に及びません。

よって、2019年度の割合は50%を超え、2009年度より5ポイント以上高く、本肢は妥当です。

小太郎の電卓部屋

2009年度　407÷692≒0.588
2019年度　375÷564≒0.665

肢3　2009年度→2019年度の、純食料ベースは30.0→25.3で、4.7減少しており、減少率は15～16%です。

また、粗食料ベースは54.1→44.6で、9.5減少しており、減少率は17～18%です。

よって、減少率は純食料ベースのほうが小さく、いずれも20%未満となります。

小太郎の電卓部屋

純食料　4.7 ÷ 30.0 ≒ 0.157
粗食料　9.5 ÷ 54.1 ≒ 0.176

肢4　国内生産量に占める非食用の割合について、2009年度と2019年度を比較すると、次のようになります。

$$\underset{(2009\text{年度})}{\frac{57}{487}} < \underset{(2019\text{年度})}{\frac{67}{378}}$$

2019年度のほうが、分子が大きく分母が小さいよね。

よって、2009年度のほうが小さいです。

また、国内消費仕向量に占める非食用の割合については、次のようになります。

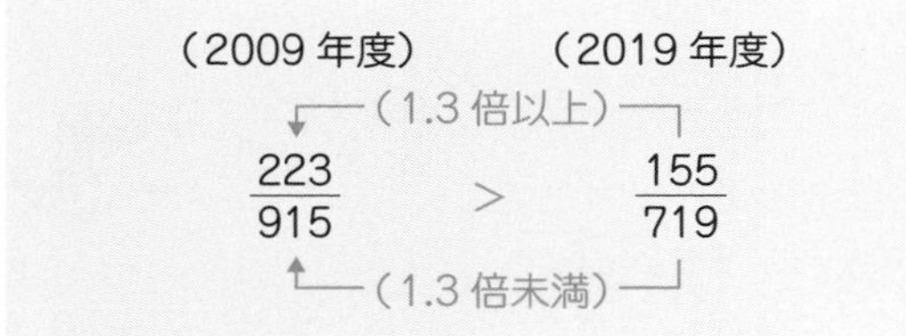

223 − 155 = 68 は、155 の 3 割以上だけど、915 − 719 = 196 は 719 の 3 割未満だよね。

よって、2019 年度のほうが小さいですね。

肢 5　国内生産量、輸入量は 2019 年度のほうが少ないですが、在庫の量は不明です。

また、2019 年度の輸入量は 421 で、これの 80% は 320 を超えますが、食用は 317 で 80%に足りません。

400 × 80 % = 320 だからね。

正解 2

MEMO

深呼吸

Standard 27

目標時間 5 分

次の表から確実にいえるのはどれか。 出典 特別区Ⅰ類 2021

自動車貨物の主要品目別輸送量の対前年度増加率の推移

（単位 %）

品　目	平成27年度	28	29	30	令和元年度
砂利・砂・石材	△13.2	5.5	△ 8.5	△ 6.0	△ 9.6
機　械	33.1	△ 3.4	9.4	10.1	14.9
窯業品	△ 8.6	△10.2	13.1	△11.5	0.4
食料工業品	△36.3	7.8	0.2	△ 5.8	△ 6.5
日用品	6.7	23.3	△ 0.1	8.2	4.1

（注）△は、マイナスを示す。

1. 令和元年度において、「窯業品」の輸送量及び「食料工業品」の輸送量は、いずれも平成 28 年度のそれを下回っている。
2. 表中の各年度のうち、「窯業品」の輸送量が最も少ないのは、平成 30 年度である。
3. 平成 29 年度において、「食料工業品」の輸送量は、「機械」のそれを上回っている。
4. 「機械」の輸送量の平成 29 年度に対する令和元年度の増加率は、「日用品」の輸送量のそれの 2 倍より小さい。
5. 平成 27 年度の「砂利・砂・石材」の輸送量を 100 としたときの平成 30 年度のそれの指数は、90 を上回っている。

肢 1 「窯業品」と「食料工業品」の平成 28 年度→令和元年度の増加率を足し算すると、次のようになります（テクニック⑥）。

「窯業品」　　$13.1 - 11.5 + 0.4 = 2.0$
「食料工業品」 $0.2 - 5.8 - 6.5 = -12.1$

これより、「食料工業品」は明らかに減少していますが、「窯業品」は多少の誤差を考慮しても減少はしていないと考えられ、28年度を下回ってはいません。

肢2 「窯業品」の平成28年度→30年度について確認します。28年度を100とすると、29年度は13.1%増加して113.1となり、30年度はその11.5%の減少ですから、113.1 × 0.115が13.1を上回れば30年の指数は100を切りますので28年度＞30年度ですが、下回れば28年度＜30年度となります。

ここは微妙ですので、やや面倒ですが、きちんと計算するか、後回しかですね。

肢3 データは、それぞれの品目の対前年度増加率を示したものですから、「食料工業品」と「機械」の量を比較することはできません。

肢4 「機械」と「日用品」の平成29年度→令和元年度の増加率を足し算すると、次のようになります。

「機械」	10.1 + 14.9 = 25.0
「日用品」	8.2 + 4.1 = 12.3

これより、多少の誤差を考慮しても、「機械」の増加率は「日用品」のそれの2倍以上と判断できます。

肢5 「砂利・砂・石材」の平成27年度→30年度の増加率を足し算すると、5.5 − 8.5 − 6.0 = −9.0ですから、多少の誤差を考慮しても10%まで減少していないと判断できます。

よって、平成30年度の指数は90を上回っており、本肢は確実にいえます。

5

小太郎の電卓部屋

113.1 × 0.115 ≒ 13.0
これより、30年度の指数は100を上回るので、28年度＜30年度より、最も少ないのは30年度じゃないね。

小太郎の電卓部屋

29年度を100とするよ。
「機械」
100×1.101×1.149≒126.5
「日用品」
100×1.082×1.041≒112.6
増加率はそれぞれ26.5%、12.6%で、前者は後者の2倍以上だね。

Standard 28

目標時間 5 分

表Ⅰ，Ⅱ及び図は 1996 年 ～ 2000 年までのある国における書籍の出版点数及び発行部数を示したものである。すべての出版物は総記，哲学・宗教，文学・言語学，社会・地理・歴史，科学，芸術の 6 分野に分類されており、表Ⅰは出版点数における各分野の割合を、表Ⅱは発行部数における各分野の割合をそれぞれ示している。また、図は出版点数及び発行部数の総数の推移を示している。これらから確実にいえるのはどれか。

出典 国家Ⅰ種 2002

表Ⅰ

(%)

年	総記	哲学・宗教	文学・言語学	社会・地理・歴史	科学	芸術
1996	5	9	39	16	24	7
1997	5	13	52	12	12	6
1998	2	12	49	15	15	7
1999	8	10	35	14	17	16
2000	5	9	31	17	20	18

表Ⅱ

(%)

年	総記	哲学・宗教	文学・言語学	社会・地理・歴史	科学	芸術
1996	2	7	25	24	28	14
1997	18	14	35	7	22	4
1998	5	10	47	18	18	5
1999	24	8	22	19	20	7
2000	3	6	34	24	23	10

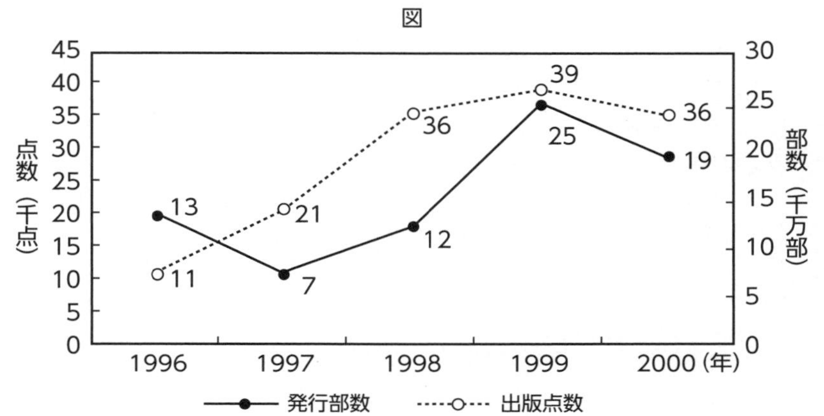

1. 総記は、1999 年の出版点数が 1996 年の出版点数の 6 倍を超えている。
2. 哲学・宗教は、1996 年 ～ 2000 年のいずれの年も出版物 1 点当たりの平均発行部数が 1 万部未満である。
3. 文学・言語学は、1999 年の発行部数が 1998 年の発行部数を上回っている。
4. 1997 年の科学の出版物 1 点当たりの平均発行部数は、同年の社会・地理・歴史のそれの 2 倍以下である。
5. 芸術は、1996 年 ～ 2000 年のいずれの年も出版物 1 点当たりの平均発行部数が他の分野のそれに比べ少ない。

肢 1　図から出版点数、表 I からその構成比を読んで、掛けましょう。1996 年の総記は 11 × 5 = 55 で、その 6 倍は 330 ですが、1999 年の 39 × 8 がこれに満たないのは明らかですね。

肢 2　出版点数の単位は「千点」、発行部数の単位は「千万部」ですから、たとえば 1996 年の哲学・宗教は、（13 × 7）÷（11 × 9）が 1 未満であれば、発行部数÷出版点数が 1 万部未満であることになりますね。1996 年は 91 ÷ 99 ＜ 1 で、この年は OK でしょう。

また、1997 年のそれは、（7 × 14）÷（21 × 13）で、こちらも明らかに 1 未満です。

さて、1998 年以降についても同様の式を考えるわけですが、いずれの年も哲学・宗教については、出版点数の構成比＞発行部数の構成比であり、図の数値（単位は無視する）においても、出版点数＞発行部数です

上記の計算を分数の形で表すと、いずれも分母＞分子だよね。

ね。

よって、明らかに1万部を下回っており、本肢は確実にいえます。

肢3　1998年と1999年の文学・言語学の発行部数は、次のような比較でわかりますね（テクニック①）。

（1998年）　　　　（1999年）

（2.1倍以上）

12 × 47　＞　25 × 22

（2.1倍未満）

よって、1999年は1998年を上回っていません。

肢4　1997年の科学と社会・地理・歴史は、出版点数の構成比がいずれも12で、同じです。つまり、出版点数そのものが同じということですね。

対する発行部数ですが、こちらは科学が22で、社会・地理・歴史は7ですから、前者は後者の3倍以上あります。つまり、1点当たり平均発行部数も3倍以上ということですよね。

肢5　1点当たり平均発行部数が他のいずれの分野よりも少ないのであれば、出版点数の構成比＞発行部数の構成比になるはずですよね。

しかし、1996年の芸術の構成比は出版点数より発行部数のほうが大きく、この年の芸術の1点当たりの平均発行部数は全体の平均を上回っていますので、芸術より少ない分野はありますね。

2

ナットクいかない方はこちら

たとえば出版点数が全体の7%で、発行部数も全体の7%であれば、1点当たり平均発行部数は全体の平均と一緒ってことだから、前者が大きければ全体の平均以下になるでしょ！

MEMO

Standard 29

目標時間 6 分

次の図表から正しくいえるのはどれか。　出典 東京都Ⅰ類A 2019

1 都 3 県における出生数の状況

1 都 3 県における出生数（平成 24 年）　（単位：人）

東京都	埼玉県	千葉県	神奈川県
107,401	56,943	48,881	75,477

1 都 3 県における出生数の**対前年増加率**の推移

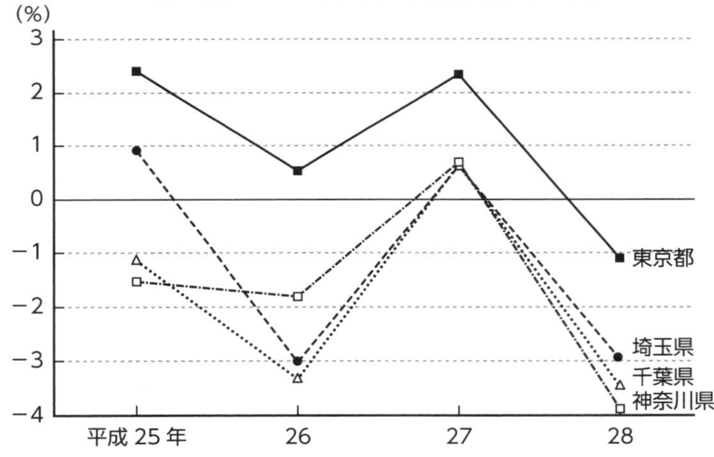

1．平成 24 年における東京都の出生数を 100 としたとき、27 年における東京都の出生数の指数は 110 を上回っている。

2．平成 24 年から 28 年までのうち、埼玉県の出生数が最も多いのは 27 年であり、最も少ないのは 26 年である。

3．平成 25 年から 27 年までの 3 か年における千葉県の出生数の累計は、150,000 人を上回っている。

4．平成 28 年における神奈川県の出生数は、27 年における神奈川県の出生数に比べて 3,500 人以上減少している。

5．平成 28 年における東京都の出生数と埼玉県の出生数との差は、60,000 人を下回っている。

肢1　テクニック⑥を使います。東京都の平成25年～27年の増加率を足し算すると、約2.5＋0.6＋2.3＝5.4（％）ですから、ここに多少上乗せしても10％まで増加してはいません。よって、27年の指数は110に足りません。

小太郎の電卓部屋

100×1.025×1.006×1.023≒105.5

肢2　埼玉県の平成24年を100とすると、25年は約1％増加して101、26年は約3％の減少ですから98程度ですね。さらに、27年は約0.5％増加して98.5、28年は約3％減少して95.5程度となります。

よって、最も多いのは25年、最も少ないのは28年です。

肢3　千葉県の増加率を見ると、平成25，26年と減少し、27年はやや増加していますが、24年の水準には戻りませんので、25年～27年の3か年は、いずれも24年の出生数である48,881より少なく、合計150,000には及びません。

3年で150,000って、平均50,000だからね。

肢4　神奈川県の増加率も、平成25，26年と減少し、27年はやや増加していますが、24年の75,477よりやや少ないと考えられます。

そうすると、28年はここから約4％減少していますが、3,500には及びませんね。

80,000の4％でも3,200しかないからね。

肢5　肢1より、東京都は平成24年に対して27年までに5.4％少々増加しており、28年は約1％減少して、ここまでで4.4％程度の増加となります。

東京都の24年は107,401ですが、これの4.4％は5,000に足りませんので、やや多めに上乗せしても、28年は113,000に及びませんね。

110,000の4.4％で4,840だからね。

また、肢2より、埼玉県の24年に対する28年の比率は約95.5％で、4.5％ほど減少となります。

埼玉県の24年は56,943ですが、これの4.5％は2,700に足りませんので、やや多めに差し引いても28年は54,000以上あります。

60,000の4.5％で2,700だからね。

そうすると、「113,000未満」と「54,000以上」の差は60,000を下回りますので、本肢は正しくいえます。

小太郎の電卓部屋

東京都の28年
107,401×1.025×1.006×1.023×0.99≒112,161
埼玉県の28年
56,943×1.01×0.97×1.005×0.97≒54,384
東京都－埼玉県
112,161－54,384＝57,777

正解 5

Standard 30

目標時間 6 分

ある町の住民の成人男性全員 1,100 人に対して日常生活と健康に関するアンケートを行った。そのうちの 3 つの質問事項について集計した結果、以下のような結果が得られた。

なお、3 つの質問事項は質問 A ～ C のとおりであり、回答者においては「はい」か「いいえ」のいずれかを必ず答えたものとする。

質問 A　食生活に気をつけていますか。
質問 B　睡眠時間に気をつけていますか。
質問 C　自分は健康だと思いますか。

この資料からいえることとして正しいものは次のうちどれか。

出典 裁判所事務官 2003

	人数
Aに「はい」と回答した人	495
Bに「はい」と回答した人	440
Cに「はい」と回答した人	550
AとBに「はい」と回答した人	220
AとCに「はい」と回答した人	275
BとCに「はい」と回答した人	330
AとBとCに「はい」と回答した人	165

1．食生活にも睡眠時間にも気をつけていなくて、自分を健康だと思っている人はアンケート対象者全体の 10％である。
2．食生活にも睡眠時間にも気をつけていなくて、自分を健康だと思っている人はアンケート対象者全体の 30％である。
3．食生活にも睡眠時間にも気をつけていなくて、自分を健康だと思っていない人はアンケート対象者全体の 50％である。
4．食生活にも睡眠時間にも気をつけていなくて、自分を健康だと思っていない人はアンケート対象者全体の 70％である。
5．食生活にも睡眠時間にも気をつけていて、自分を健康だと思っていない人はアンケート対象者全体の 30％である。

確かに「資料解釈」として出題された問題なのですが、内容は「数的推理」の「集合」の問題ですよね。質問A～Cのそれぞれに対して、「はい」と答えた人の集合を図１のようなベン図で表します。

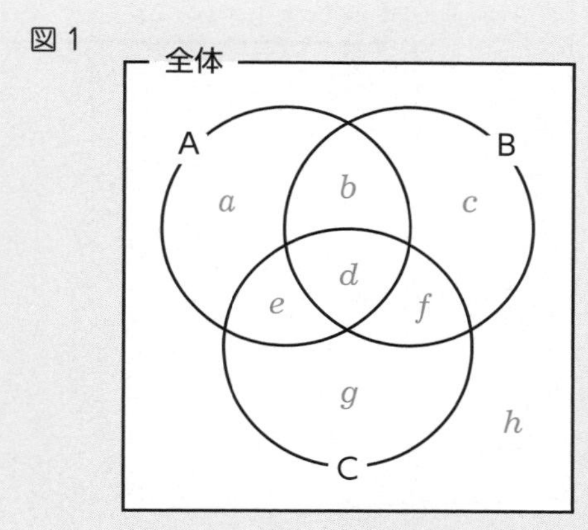

図１の a ～ h の数値を、与えられた表を手がかりに入れていきましょう。

まず、d の 165 はすぐに入りますから、これによって、$b = 220 - 165 = 55$、$e = 275 - 165 = 110$、$f = 330 - 165 = 165$ となり、さらに各集合の合計からこれらを引いて、$a = 165$、$c = 55$、$g = 110$ となりますね。そして最後に、1,100 から a ～ g を引いて、$h = 275$ も判明し、図２のようになります。

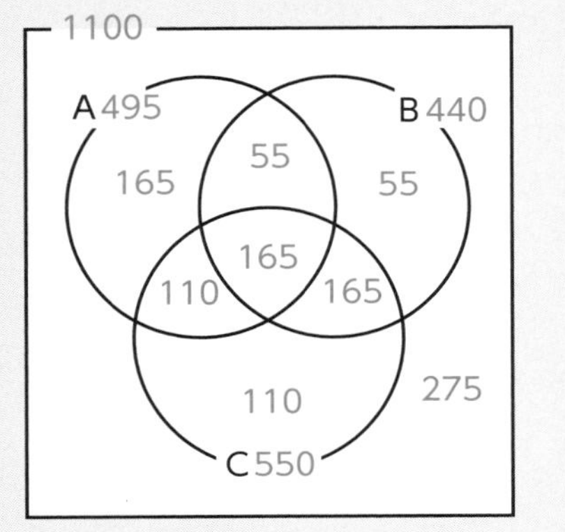

これより、各肢を検討すると、**肢1** は g の110に当たりますから、全体の10%となり、これが正解です。

選択肢を見ながら、必要なところだけ調べていってもいいよね！

MEMO

Standard 31

目標時間 6 分

図は、20 歳以上の人の 1 日当たりの平均睡眠時間についてある調査結果を、性別・年齢階級別に示したものである。これから確実にいえることとして最も妥当なのはどれか。

ただし、図中の（　）内の人数は、各年齢階級の人数を示している。

出典 国家一般職 2022

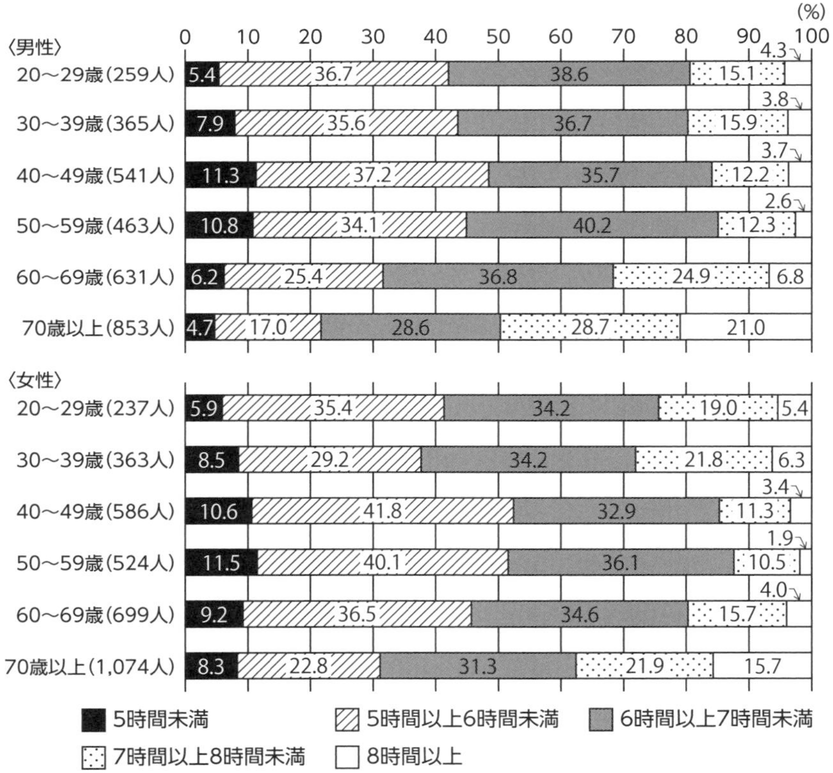

(%)

〈男性〉

	5時間未満	5時間以上6時間未満	6時間以上7時間未満	7時間以上8時間未満	8時間以上
20～29歳(259人)	5.4	36.7	38.6	15.1	4.3
30～39歳(365人)	7.9	35.6	36.7	15.9	3.8
40～49歳(541人)	11.3	37.2	35.7	12.2	3.7
50～59歳(463人)	10.8	34.1	40.2	12.3	2.6
60～69歳(631人)	6.2	25.4	36.8	24.9	6.8
70歳以上(853人)	4.7	17.0	28.6	28.7	21.0

〈女性〉

	5時間未満	5時間以上6時間未満	6時間以上7時間未満	7時間以上8時間未満	8時間以上
20～29歳(237人)	5.9	35.4	34.2	19.0	5.4
30～39歳(363人)	8.5	29.2	34.2	21.8	6.3
40～49歳(586人)	10.6	41.8	32.9	11.3	3.4
50～59歳(524人)	11.5	40.1	36.1	10.5	1.9
60～69歳(699人)	9.2	36.5	34.6	15.7	4.0
70歳以上(1,074人)	8.3	22.8	31.3	21.9	15.7

(注)　グラフ数値は四捨五入によるため、割合の合計が100%とならない場合がある。

1．1日当たりの平均睡眠時間が6時間未満である20歳以上の人の割合は、女性より男性の方が高い。
2．20～59歳の女性についてみると、1日当たりの平均睡眠時間が6時間以上である人の数は、1,000人未満である。
3．1日当たりの平均睡眠時間が5時間以上6時間未満である人の数についてみると、70歳以上の男性の数は、60～69歳の女性の数より多い。
4．女性についてみると、1日当たりの平均睡眠時間が5時間未満である人の割合は、年齢階級が上がるほど高い。
5．1日当たりの平均睡眠時間が6時間以上7時間未満である人の数が最も多い年齢階級は、男性，女性共に50～59歳である。

肢1　各年齢階級の人数は、全体的には女性のほうがやや多いものの、階級別に見るとそれほど大差はありませんので、それぞれにおける6時間未満の割合を比較してみましょう。

20～29歳（以下「20代」とし、「60代」まで同様とします）については、男女いずれも40%強で同じくらいですね。また、30代については、男性のほうがやや高いです。しかし、それ以外はすべての階級で女性のほうが高く、全体的に見ると女性のほうが高いと判断できます。

肢2　20代～50代女性の6時間以上の人数を概算で求めます。まず、20代は237人の60%弱ですから140人程度で、30代は363人の60%強ですから220人程度です。また、40代は586人の50%弱ですから280人程度で、50代も524人の50%弱で250人程度です。

これより、これらの合計は1,000人未満とわかり、本肢は妥当です。

肢3　5時間以上6時間未満について、70歳以上男性は853人の17%で200人に及びません。

一方、60代女性のそれは、699人の36.5%で200人を超えます。

よって、前者のほうが少ないです。

肢4　女性で5時間未満の人の割合は、20代から50代までは年齢階級が上がるほど高くなっていますが、

「5時間未満」と「5時間以上6時間未満」の合計だよ。「5時間以上6時間未満」のグラフの右端の目盛りを見るといいね。

肢1の計算はけっこう大変なので、次ページに書いておくね。

小太郎の電卓部屋

20代　237 × 58.6% ≒ 139
30代　363 × 62.3% ≒ 226
40代　586 × 47.6% ≒ 279
50代　524 × 48.5% ≒ 254
合計　139 + 226 + 279 + 254 = 898（人）

60 代からは下がっているのがわかります。

肢 5　6 時間以上 7 時間未満の人数について、まず、男性の 50 代と 60 代を、テクニック①を使って、次のように比較します。

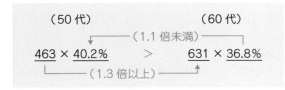

（50 代）　　　　　　　　（60 代）

（1.1 倍未満）

463 × 40.2% ＞ 631 × 36.8%

（1.3 倍以上）

よって、最も多いのは 50 代ではありません。

また、女性についても同様に比較すると、50 代よりも 60 代や 70 歳以上のほうが多いとわかりますね。

2

小太郎の電卓部屋

肢 1 について、6 時間未満の人数を計算して、割合を求めるよ。

男性　20 代　259 × 42.1%≒ 109
　　　30 代　365 × 43.5%≒ 159
　　　40 代　541 × 48.5%≒ 262
　　　50 代　463 × 44.9%≒ 208
　　　60 代　631 × 31.6%≒ 199
　　　70 以上　853 × 21.7%≒ 185
　　　男性の人数の合計　3,112
　　　6 時間未満の合計　1,122
　　　6 時間未満の割合　1,122 ÷ 3,112 ≒ 0.36

女性　20 代　237 × 41.3%≒ 98
　　　30 代　363 × 37.7%≒ 137
　　　40 代　586 × 52.4%≒ 307
　　　50 代　524 × 51.6%≒ 270
　　　60 代　699 × 45.7%≒ 319
　　　70 以上　1,074 × 31.1%≒ 334
　　　女性の人数の合計　3,483
　　　6 時間未満の合計　1,465
　　　6 時間未満の割合　1,465 ÷ 3,483 ≒ 0.42

MEMO

深呼吸

Standard 32

目標時間 6 分

次の図から正しくいえるのはどれか。　　出典 東京都Ｉ類Ｂ 2019

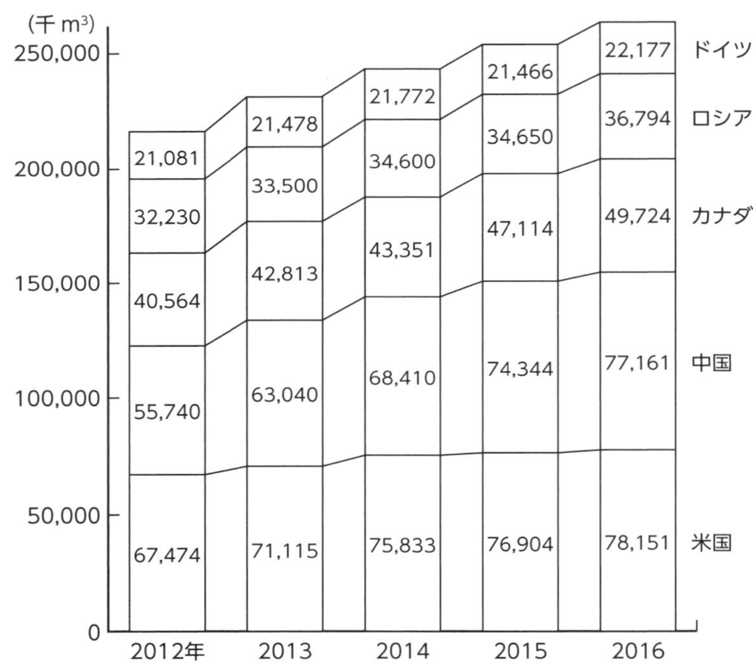

1．2012 年から 2014 年までの各年についてみると、ロシアの製材品生産量に対するドイツの製材品生産量の比率は、いずれの年も 0.6 を下回っている。
2．2012 年における中国とドイツの製材品生産量の計を 100 としたとき、2016 年における中国とドイツとの製材品生産量の計の指数は 135 を上回っている。
3．2013 年から 2015 年までについてみると、中国の製材品生産量の 3 か年の累計に対するカナダの製材品生産量の 3 か年の累計の比率は 0.7 を下回っている。
4．2014 年から 2016 年までの各年についてみると、5 か国の製材品生産量の合計に占める米国の製材品生産量の割合は、いずれの年も 35%を上回っている。

> 5．2015 年における製材品生産量の対前年増加率を国別にみると、5 か国のうち最も大きいのはカナダであり、次に大きいのは米国である。

肢 1　2012 年のロシアは 32,230 で、これの 0.6 倍は 20,000 に足りません。

よって、この年のドイツのロシアに対する比率は 0.6 を上回ります。

他の年も確認すると、すべて 0.6 を上回っているのがわかるよ。

肢 2　2012 年と 2016 年それぞれの中国とドイツの計は、計算してしまいましょう。

2012 年　55,740 + 21,081 = 76,821
2016 年　77,161 + 22,177 = 99,338

その差は 23,000 にも足りず、これは 76,821 の $\frac{1}{3}$ にも及びません。

よって、2016 年の指数が 135 を上回ることはありません。

肢 3　ここは各年について見てみましょう。

まず、2013 年の中国は 63,040 で、これの 0.7 倍は 44,000 を上回ります。よって、この年のカナダの中国に対する比率は 0.7 に足りません。また、2014 年の中国の 68,410 の 0.7 倍も当然 44,000 以上ですから、この年も同様です。

63,000 × 0.7 = 44,100 だからね。

さらに、2015 年の中国は 74,344 で、これの 0.7 倍は 49,000 を上回りますので、この年の比率も 0.7 に及びません。

70,000 × 0.7 = 49,000 だしね。ここまで計算しなくても、0.7 に満たないのはわかるよね。

よって、3 か年の累計についても 0.7 を下回り、本肢は正しくいえます。

肢 4　合計に対する米国の比率が低そうな 2016 年を確認します。

2016 年の合計は、左目盛から 250,000 を超えているのがわかり、250,000 × 0.35 = 87,500 ですから、この年の米国は 35%を下回ります。

2014 年，2015 年も 35% には届いていないよ！

肢 5　2015 年の増加率を見ると、カナダはともかく、米国はそれほど増えていません。どう見ても中国のほうが多いですね。

一応確認すると、米国の 2014 年 → 2015 年は 75,833 → 76,904 で、1,000 くらいしか増えていません。増加率は 1 ～ 2%でしょうか。

一方、中国のそれは、68,410 → 74,344 で、6,000 近く増えており、増加率は 8 ～ 9%になります。

よって、中国 > 米国となり、正しくありません。

3

ここで切って OK！

小太郎の電卓部屋

カナダの増加率
(47,114 − 43,351) ÷ 43,351
≒ 0.0868

中国の増加率
(74,344 − 68,410) ÷ 68,410
≒ 0.0867

米国の増加率
(76,904 − 75,833) ÷ 75,833
≒ 0.0141

MEMO

Standard 33

目標時間 6 分

次の表から正しくいえるのはどれか。　　出典 東京都Ⅱ類 2003

防災関係予算額（国費）の構成比の推移

（単位：%）

	平成 8 年度	9 年度	10 年度	11 年度	12 年度
科学技術の研究	1.2	1.2	1.1	1.7	1.8
災害予防	24.5	28.2	22.3	25.0	24.4
国土保全	51.3	49.4	52.8	52.6	57.2
災害復旧等	23.0	21.2	23.8	20.7	16.6
合計	100.0 (42,069)	100.0 (40,753)	100.0 (55,074)	100.0 (45,628)	100.0 (41,503)

（注）（　）内は、防災関係予算額の合計（単位：億円）を示す。

1. 平成 8 年度から 12 年度までのうち、科学技術の研究の予算額が最も大きいのは 12 年度であり、最も小さいのは 10 年度である。
2. 平成 8 年度から 12 年度までの各年度についてみると、国土保全の予算額は、いずれの年度も災害予防の予算額の 2 倍を上回っている。
3. 平成 9 年度から 12 年度までのうち、災害予防の予算額が前年度に比べて増加したのは 9 年度のみである。
4. 平成 10 年度における予算額の対前年度増加率についてみると、最も大きいのは災害復旧等であり、次に大きいのは国土保全である。
5. 災害復旧等の予算額についてみると、平成 10 年度に対する 12 年度の比率は、0.5 を下回っている。

肢 1　科学技術の平成 12 年度は、構成比は最も大きいですが、11 年度とあまり変わらず、合計額は 11 年度のほうがやや大きいので、12 年度より 11 年度のほうが大きい可能性があります。

また、10 年度は、構成比は最も小さいですが、8 年度，9 年度とあまり変わらず、合計額は 9 年度のほうがけっこう小さいので、10 年度より 9 年度のほうが小さい可能性があります。

では、9 年度と 10 年度を確認しましょうか。次のようになります。

（平成 9 年度）　　　　　（平成 10 年度）

（1.1 倍未満）

40,753 × 1.2　＜　55,074 × 1.1

（1.1 倍以上）

よって、最も小さいのは 10 年度ではありませんね。

肢 2　テクニック④より、構成比のみで比較すると、平成 9 年度の国土保全は 49.4 % で、災害予防の 28.2%の 2 倍を下回っていますね。

肢 3　平成 9 年度 → 10 年度で、災害予防の構成比は下がっていますが、合計額はけっこう増えていますので、次のように確認します。

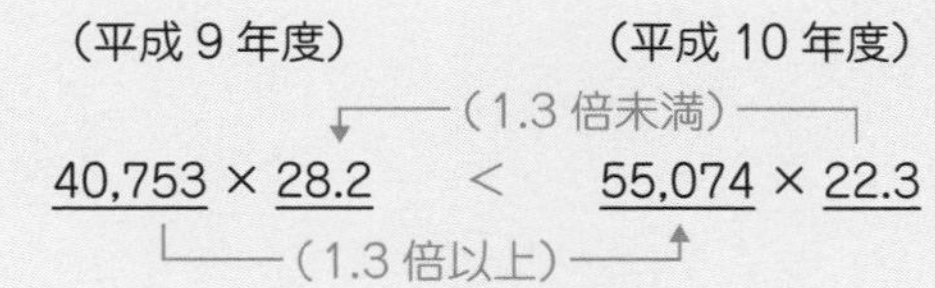

よって、10 年度も増加しています。

肢 4　肢 2 と同様に、平成 9 年度に対する 10 年度の構成比の増加率で判断します。

9 年度 → 10 年度の災害復旧等の構成比は 21.2 → 23.8 で、その差は 2.6 ですから、1 割以上増加しています。一方、国土保全のそれは、49.4 → 52.8 で、その差は 3.4 ですから、1 割まで増加していません。

よって、増加率は、災害復旧等＞国土保全で、その他の 2 項目は構成比が減少していますので、最も大きいのは災害復旧等、次が国土保全で、本肢は正しくいえます。

肢 5　平成 10 年度に対して 12 年度が半分を下回っているかどうかですから、12 年度を 2 倍して比較してみましょう。

11 年度は合計額がけっこうダウンしてるし、12 年度は合計額も構成比もダウンしているから、10 年度に期待するしかなさそうだしね。

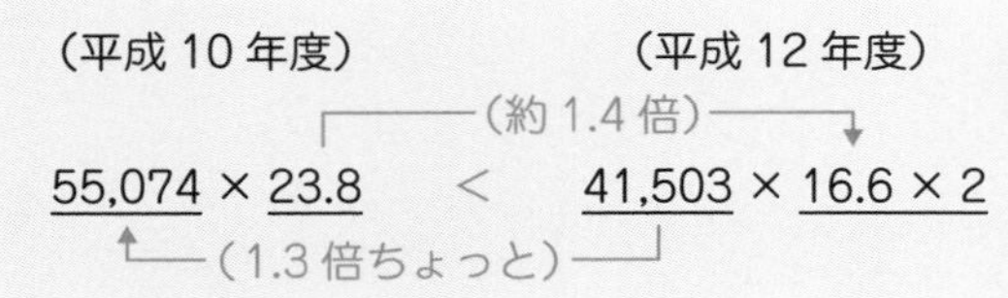

これより、10 年度は 12 年度の 2 倍には満たないとわかり、12 年度が 10 年度の半分よりは大きいと判断できます。

4

前者は差が 13,000 ～ 14,000 だから、41,503 の 3 割以上だけど 4 割に全然満たないね。でも、後者は差が 10 近くあって、23.8 のおよそ 4 割とみていいでしょ。

MEMO

Standard 34

目標時間 6 分

次の図から正しくいえるのはどれか。　出典 東京都Ⅰ類B 2018

車種別の新車販売台数の構成比の推移

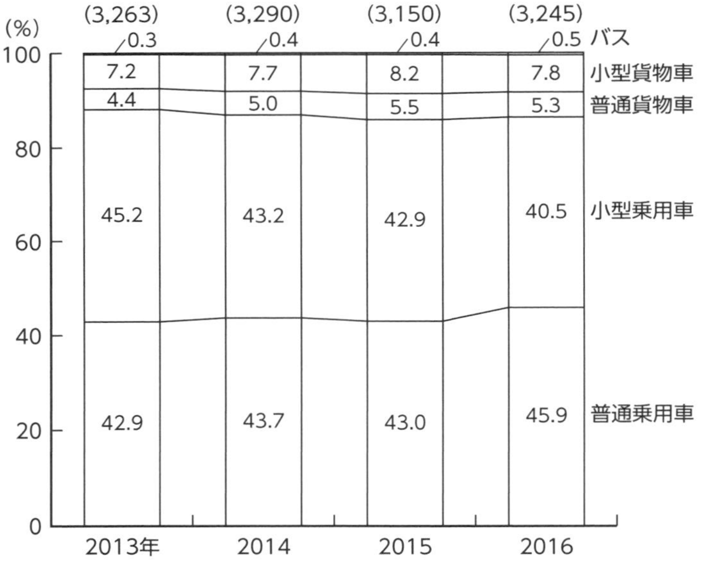

(注)（　）内の数値は、車種別の新車販売台数の合計（単位：千台）を示す。

1．2013 年から 2015 年までの 3 か年における普通貨物車の新車販売台数の累計は、400 千台を上回っている。
2．2013 年における小型貨物車の新車販売台数を 100 としたとき、2015 年における小型貨物車の新車販売台数の指数は 120 を上回っている。
3．2013 年から 2016 年までのうち、普通乗用車の新車販売台数が最も多いのは 2014 年であり、次に多いのは 2016 年である。
4．2013 年から 2016 年までの 4 か年におけるバスの年平均の新車販売台数は、11 千台を下回っている。
5．2014 年における小型乗用車の新車販売台数に対する 2016 年の比率は、0.9 を下回っている。

肢 1　普通貨物車の 2013 年は、3,263 × 4.4%で、これは 120 以上ありますね。また、2014 年は 3,290 × 5.0%、2015 年は 3,150 × 5.5%で、いずれも 150 以上あります。

よって、3 か年の累計は 400 を上回り、本肢は正しくいえます。

肢 2　2013 年 → 2015 年において、小型貨物車の構成比は 7.2% → 8.2%で、その差は 1.0%ですから 2 割まで増えていません。また、合計は減少していますので、「合計×構成比」は 2 割も増えるはずはなく、2015 年の指数は 120 を下回ります。

肢 3　普通乗用車は、2013 年～ 2015 年では、2014 年が合計、構成比とも最大ですから、この 3 か年では 2014 年が最も多いですね。では、2014 年と 2016 年を比較しましょう。テクニック①を使って、次のようになります。

（2014 年）　　　　（2016 年）

（1.05 倍以上）：43.7% → 45.9%

3,290 × 43.7%　<　3,245 × 45.9%

（1.05 倍未満）：3,245 → 3,290

よって、最も多いのは 2016 年で、次が 2014 年ですね。

肢 4　バスの 2013 年は、3,263 × 0.3%で 9 以上あります。また、2014 年は 3,290 × 0.4%、2015 年は 3,150 × 0.4%で、いずれも 12 以上であり、2016 年は 3,245 × 0.5%で 15 以上ありますので、4 か年の平均は明らかに 11 以上です。

0.1%で 3.263 だからね。

肢 5　2014 年→ 2016 年において、小型乗用車の構成比は 43.2% → 40.5%で、その差は 2.7%ですから減少率は 6 ～ 7%でしょうか。また、合計は 3,290 → 3,245 で、その差は 45 ですから 2%まで減っていません。そうすると、「合計×構成比」は 10%まで減っていませんので、2014 年に対する 2016 年の比率は 0.9 を上回ります。

正解 1

Standard 35

目標時間 6 分

表は、2016 年度と 2017 年度における、ある国のインターネット附随サービス業の事業別企業数とその売上高を示したものである。これからいえることとして最も妥当なのはどれか。

出典 国家総合職 2021

事　　業	企業数（社）		売上高（億円）	
	2016 年度	2017 年度	2016 年度	2017 年度
合計	733	739	25,131	25,615
ウェブ情報検索サービス業	63	70	1,042	1,209
ショッピングサイト運営業及びオークションサイト運営業	78	75	2,946	3,301
電子掲示板・ブログサービス・SNS 運営業	14	15	334	367
ウェブコンテンツ配信業	142	137	8,672	7,825
クラウドコンピューティングサービス	129	116	1,166	1,212
電子認証業	13	10	94	88
情報ネットワーク・セキュリティ・サービス業	64	62	810	761
課金・決済代行業	25	24	814	1,008
サーバ管理受託業	83	82	287	324
その他のインターネット附随サービス業	122	148	8,966	9,520

1．2017 年度における 1 企業当たりの売上高をみると、「課金・決済代行業」の対前年度増加率は、同年度における「ショッピングサイト運営業及びオークションサイト運営業」のそれより大きかった。

2．事業別企業数をみると、2017 年度における対前年度減少率が 20%以上となっている事業は、合計三つあった。

3．2016 年度における 1 企業当たりの売上高が同年度における全体のそれより多い事業は、「ウェブコンテンツ配信業」と「ウェブ情報検索サービス業」の二つであった。

4．「その他のインターネット附随サービス業」の売上高が合計に占める割合は、2016 年度と 2017 年度共に 4 割を超えた。

5．2017 年度の企業数と売上高が共に前年度から減少した事業では、1 企業当たりの売上高も減少した。

肢 1　対前年度増加率の大小は、前年度に対する比率で比べられます（テクニック⑤）。また、1 企業当たりの売上高の 2016 年度に対する 2017 年度の比率は、次のような式で表せますね。

$$\frac{2017\text{年度売上高}}{2017\text{年度企業数}} \div \frac{2016\text{年度売上高}}{2016\text{年度企業数}}$$
$$= \frac{2017\text{年度売上高} \times 2016\text{年度企業数}}{2017\text{年度企業数} \times 2016\text{年度売上高}}$$

これより、「課金・決済代行業」と「ショッピング…」について、上記の式をテクニック②で、次のように比較します。

まず、分子について、3,301 は 1,008 の 3.3 倍弱で、78 は 25 の 3 倍強ですから、3.3 × 3 ＝ 9.9 より、「ショッピング…」は「課金・決済代行業」の 10 倍程度と判断できます。

同様に、分母については、2,946 は 814 の 3.5 倍以上で、75 は 24 の 3 倍以上ですから、こちらは 3.5 × 3 ＝ 10.5（倍）以上と判断でき、次のようになります。

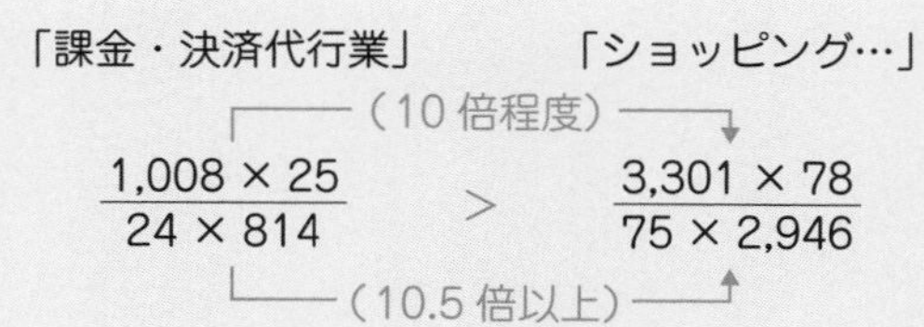

よって、「課金・決済代行業」のほうが「ショッピング…」より大きく、本肢は妥当です。

肢 2　2016 年度→ 2017 年度で企業数が 20％以上減少している事業は、「電子認証業」の 1 つのみです。

肢 3　2016 年度の 1 企業当たり売上高は、全体では 25,131 ÷ 733 で 30 を超えますが、「ウェブ情報検索サービス業」は 1,042 ÷ 63 で 20 に及びませんので、全体より多くありません。

肢 4　売上高の合計は、2016 年度，2017 年度とも

小太郎の電卓部屋

「課金・決済代行業」の 1 企業当たり売上高
2016年度　814 ÷ 25 ≒ 32.6
2017年度　1,008 ÷ 24 ＝ 42.0
2016年度に対する 2017年度の比率
42.0 ÷ 32.6 ≒ 1.29
「ショッピング…」の 1 企業当たり売上高
2016年度　2,946 ÷ 78 ≒ 37.8
2017年度　3,301 ÷ 75 ≒ 44.0
2016 年度に対する 2017年度の比率
44.0 ÷ 37.8 ≒ 1.16

25,000を超えていますので、その4割は10,000を超えます。

しかし、「その他のインターネット…」の売上高はいずれも10,000に足りませんので、4割を超えることはありません。

肢5 2017年度の企業数と売上高がともに前年度から減少した事業は、「ウェブコンテンツ配信業」「電子認証業」「情報ネットワーク・セキュリティ・サービス業」の3つですが、このうち、「電子認証業」について見ると、2016年度の1企業当たり売上高は94÷13で8に及びませんが、2017年のそれは88÷10＝8.8で、前年度より増加しています。

1

本問は、正解の肢1だけちょっと面倒だったけど、肢2～5の判断は易しいので、肢1を後回しにしても、消去法で正解が出るよね！

MEMO

Standard 36

目標時間 6 分

下のグラフは、昭和 39 年度、平成元年度、平成 25 年度時における 10 歳の握力，50m 走，ボール投げ，反復横とびを取り上げ、三世代間の体力・運動能力を表したものである。このグラフに関する次のA～Cの記述の正誤の組合せとして最も適当なものはどれか。

出典 裁判所職員 2015

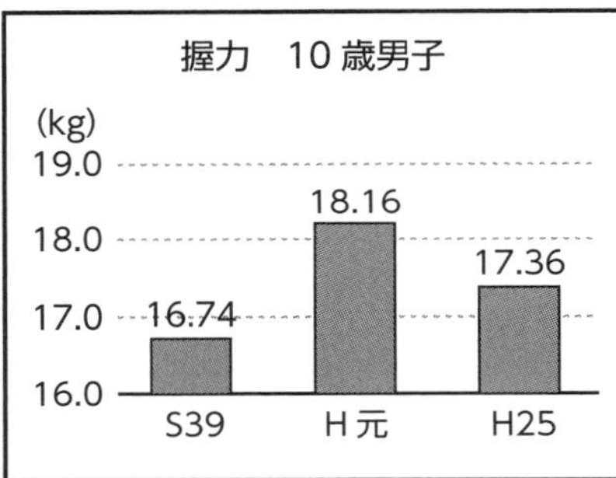

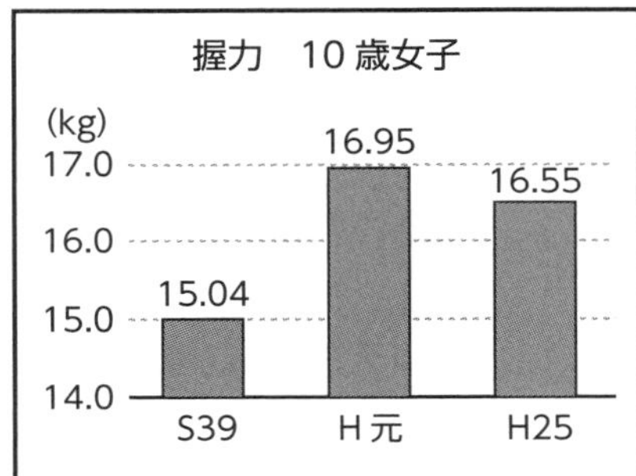

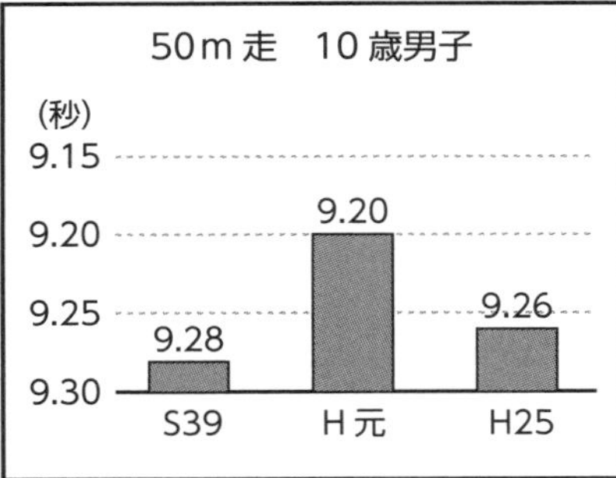

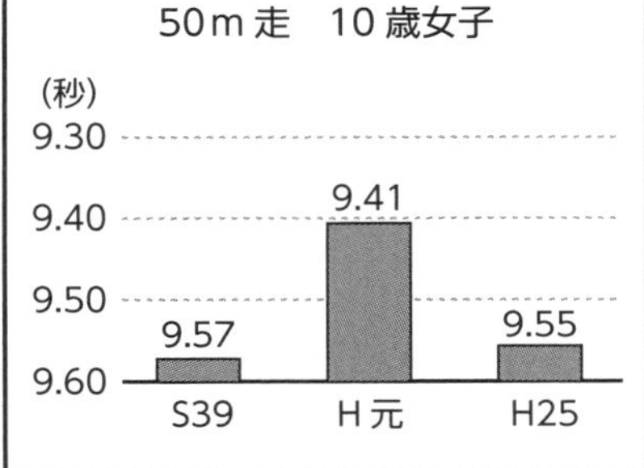

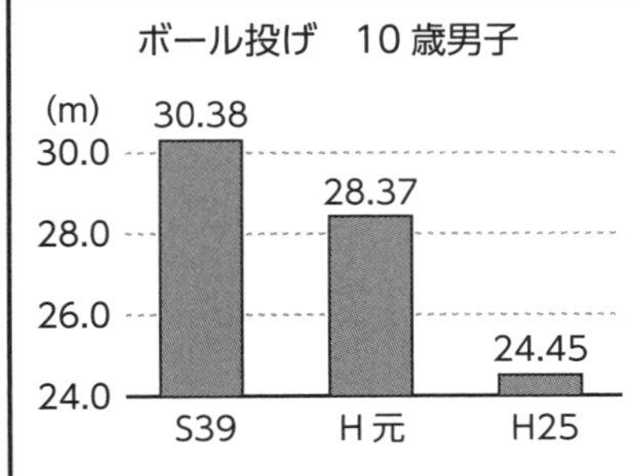

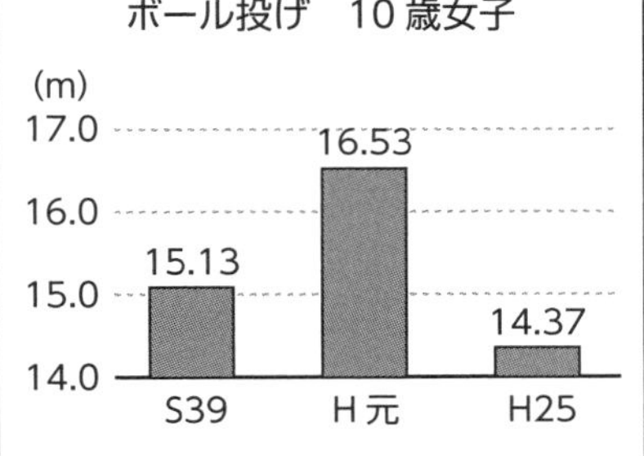

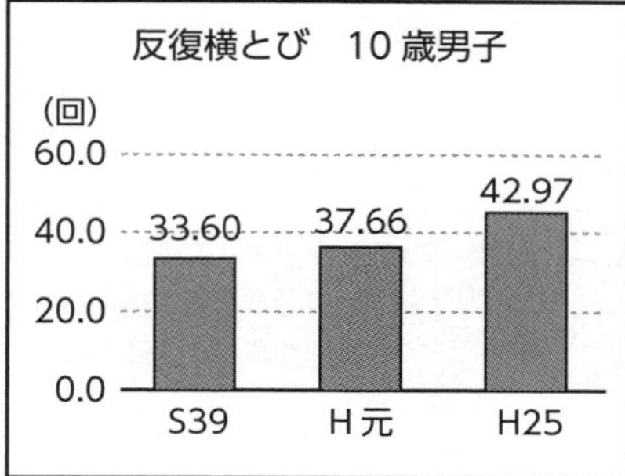

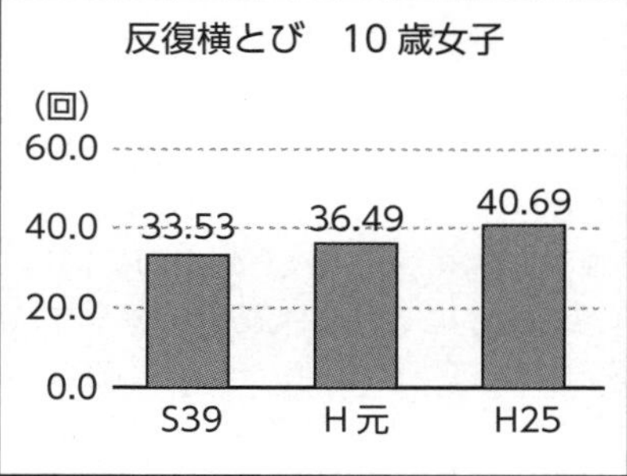

A　平成元年度の 10 歳女子は、ボール投げを除いて、昭和 39 年度の 10 歳男子の記録を全て上回っている。

B　平成元年度の 10 歳男子と昭和 39 年度の 10 歳男子が 50 m 走を行った場合、平成元年度の 10 歳男子がゴールしたとき、昭和 39 年度の 10 歳男子はゴールの 0.44 m 以上手前にいる。ただし、両者とも 50 m を一定のペースで走るものとする。

C　昭和 39 年度における反復横とびの 10 歳男子と 10 歳女子の間の比は、男子を 100 としたとき、女子は 99.5 を超える。

	A	B	C
1．	正	正	誤
2．	正	誤	正
3．	誤	正	正
4．	誤	誤	正
5．	誤	誤	誤

まず、Aについて、ボール投げだけでなく50ｍ走も昭和39年度男子の記録のほうが上なので、Aは「誤」ですね。

タイムが短い方が上！

次にBを検討しますが、こちらは数的推理のような内容ですね。

平成元年度の男子の50ｍ走の記録は9.20秒で、39年度の男子のそれは9.28秒ですから、速さの比は、元年：39年＝9.28：9.20＝928：920となりますね。

そうすると、同じ時間で走る距離の比も928：920ですから、元年度の男子が50ｍを走る間に、39年度の男子が走る距離は50ｍ×$\frac{920}{928}$となり、その差は50ｍ×$\frac{8}{928}$で表せます。つまり、これが0.44ｍ以上かを確認することになりますね。$\frac{8}{928}$は$\frac{1}{100}$弱ですから、50ｍの$\frac{1}{100}$弱であれば、0.44ｍはけっこう近いので、ここはきちんと計算する必要があるでしょう。側注の電卓部屋のとおり、0.44にやや及ばず、Bは「誤」となります。

では、Cを確認します。39年度の男子と女子の反復横とびの記録は33.60と33.53で、その差は0.07です。そうすると、33.60を100としたとき、33.53が99.5を超えるかですが、100と99.5の差は0.5ですから、0.07が33.60×$\frac{0.5}{100}$に満たないかを確認すればいいでしょう。$\frac{0.5}{100}=\frac{1}{200}$ですから、33.60×$\frac{1}{200}=\frac{336}{2000}$は0.1を上回り、0.07はこれに及びませんね。

よって、男子を100としたとき、女子は99.5を超えており、Cは「正」で、正解は**肢4**です。

4

ちょっと補足

同じ距離を走るのにかかる時間の比は速さの逆比に、同じ時間で走る距離の比は速さの比になるよ。

ナットクいかない方はこちら

同じ時間で、元年度が走る距離：39年度が走る距離：その差＝928：920：8だから、元年度が走った「50ｍ」と、そのときの39年度との「差」との比は、928：8になるよね。だから、その「差」は、50ｍ×$\frac{8}{928}$で表せるんだ。

ナットクいかない方はこちら

男子を100としたとき、男子と女子の差が0.5に満たなければ、女子は99.5を超えているでしょ!?

B　元年度男子がゴールしたときの両者の差
$50\times\frac{8}{928}\fallingdotseq 0.431$

C　男子を100としたときの女子の比
$100\times\frac{33.53}{33.60}\fallingdotseq 99.8$

MEMO

Standard 37

目標時間 6 分

次の図から正しくいえるのはどれか。　　出典 東京都Ｉ類Ａ 2022

日本における年代別献血者数の構成比の推移

（注）（　）の数値は、年代別献血者数の合計（単位：千人）を示す。

1．2015 年度についてみると、16 ～ 19 歳の献血者数は 30 ～ 39 歳の献血者数を、700 千人以上、下回っている。
2．2015 年度から 2019 年度までのうち、40 ～ 49 歳の献血者数が最も多いのは 2015 年度であり、最も少ないのは 2018 年度である。
3．2016 年度における 20 ～ 29 歳の献血者数を 100 としたとき、2018 年度における 20 ～ 29 歳の献血者数の指数は 90 を下回っている。
4．2017 年度から 2019 年度までの 3 か年における 50 ～ 69 歳の献血者数の累計は、5,000 千人を上回っている。
5．2018 年度と 2019 年度の献血者数を年代別にみると、全ての年代において 2018 年度が 2019 年度を上回っている。

肢1　2015年度の合計は4,884で、16～19歳と30～39歳の構成比の差は19.2－5.3＝13.9ですから、献血者数の差は4,884×13.9％で、これは700に足りません。

よって、16～19歳は30～39歳を700以上、下回ってはいません。

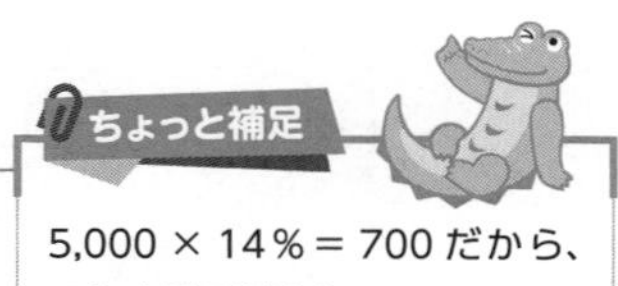

5,000×14％＝700だから、これより下だよね。

肢2　まず、最も多いのが2015年度かを確認します。2017年度，2018年度は、合計と40～49歳の構成比のいずれも2015年度より少ないので、献血者数も2015年度より少ないです。

残る2016年度と2019年度については、テクニック①を使って、次のように比べます。

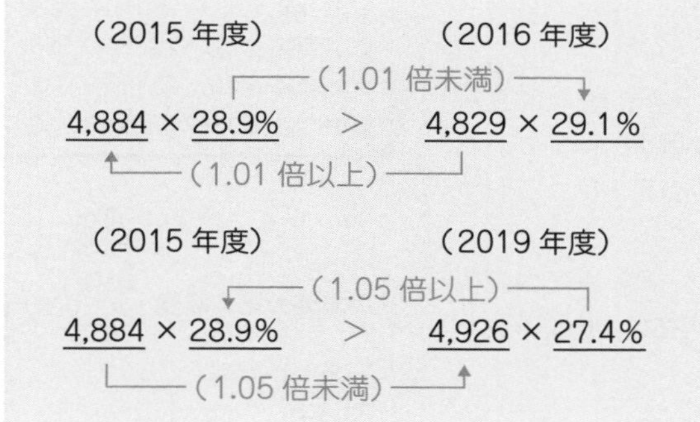

（2015年度）
（2016年度）
（1.01倍未満）
4,884×28.9％　＞　4,829×29.1％
（1.01倍以上）
（2015年度）
（2019年度）
（1.05倍以上）
4,884×28.9％　＞　4,926×27.4％
（1.05倍未満）

よって、最も多いのは2015年度と確認できます。

次に、最も少ないのは2018年度か確認します。こちらも、2016年度は合計と構成比のいずれも2018年度より多いので、献血者数も2018年度より多いですね。

残る2017年度と2019年度については、同様に、次のように比べます。

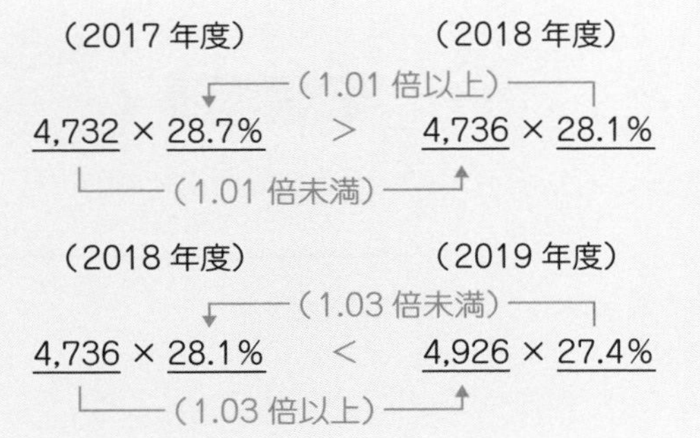

よって、最も少ないのは 2018 年度と確認できます。

これより、本肢は正しくいえますが、きちんと確認するとけっこう時間がかかりますので、適当なところで判断したほうがよろしいでしょう。

肢 3　2016 年度→ 2018 年度で、合計は 4,829 → 4,736 で 93 減少しており、減少率は 2％弱です。また、20 ～ 29 歳の構成比は 16.2 → 15.2 で 1.0 減少しており、減少率は 6％強です。

そうすると、「合計×構成比」は、8％程度の減少と判断できますので、2018 年度の指数は 90 を下回ってはいません。

肢 4　2017 年度から 2019 年度の 50 ～ 69 歳の構成比はいずれも 33.3（$\fallingdotseq \frac{1}{3}$）前後で、合計はいずれも 5,000 弱ですから、3 か年の累計は 5,000 弱 $\times \frac{1}{3} \times 3 =$ 5,000 弱と判断できます。

よって、5,000 を上回らないと判断しますが、やや微妙ですね。なので、きちんとした計算をするのが理想ですが、けっこう面倒なので、このような形で判断するか、後回しということになりますね。

肢 5　すべての年代において 2018 年度が 2019 年度を上回っているのであれば、当然、合計も 2018 年度が 2019 年度を上回るはずですが、2019 年度のほうが大きいですね。

よって、このようなことはありません。

2015年度　4,884×28.9%≒1,411
2016年度　4,829×29.1%≒1,405
2017年度　4,732×28.7%≒1,358
2018年度　4,736×28.1%≒1,331
2019年度　4,926×27.4%≒1,350

2016年度　4,829 × 16.2%≒782
2018年度　4,736 × 15.2%≒720
2016年度に対する 2018 年度の割合
720 ÷ 782 ≒ 0.92

2017年度　4,732×32.4%≒1,533
2018年度　4,736×34.0%≒1,610
2019年度　4,926×35.8%≒1,764
累計
1,533+1,610+1,764=4,907

MEMO

Standard 38

目標時間 5 分

次の図から確実にいえるのはどれか。　　出典 特別区Ⅰ類 2003

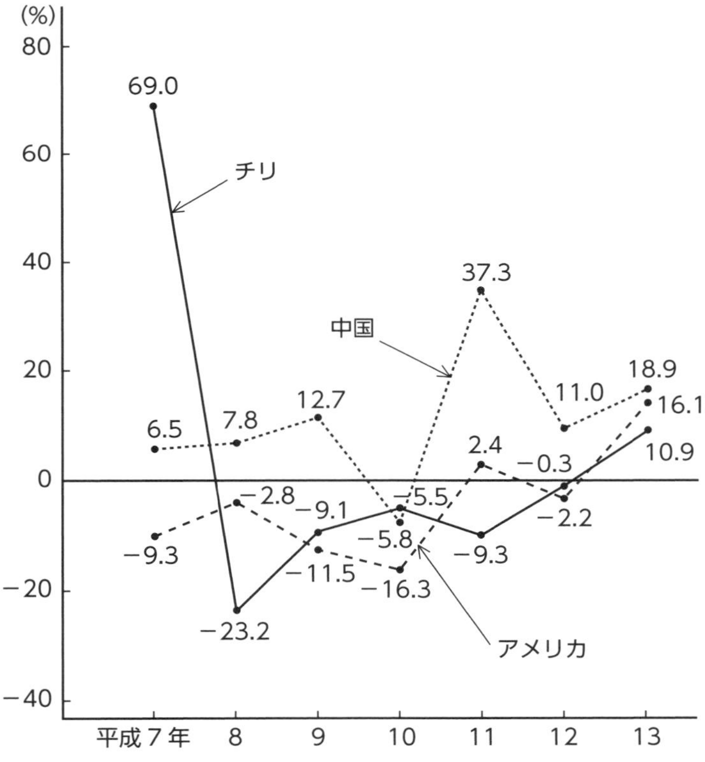

（注）　中国からの水産物輸入数量には、香港からのそれは含まれない。

1．平成 11 年のアメリカからの水産物輸入数量の対前年増加数は、平成 13 年のそれを上回っている。

2．図中の各年のうち、中国からの水産物輸入数量が最も多いのは、平成 11 年である。

3．平成8年の中国からの水産物輸入数量を100としたときの平成11年のそれは、150を上回っている。
4．アメリカからの水産物輸入数量の平成8年に対する平成11年の減少率は、チリからのそれより多い。
5．平成8年において、中国からの水産物輸入数量は、チリからのそれを上回っている。

肢1　平成10年のアメリカからの輸入量を100とすると、11年の増加数は「2.4」で、この時点で102.4となります。翌12年はその2.2％が減少していますが、ここでおよそ100くらいでしょう。13年の増加率はその16.1％ですから、増加数は11年より多いのは明らかですね。

肢2　平成12年の中国からの輸入量はプラスですから、11年より多いです。

肢3　平成9年，10年，11年の中国の増加率を単純に足し算して（テクニック⑥）、12.7 − 5.8 + 37.3 = 44.2ですから、多少の誤差を考慮しても150には届きそうにありませんね。もし不安であれば、とりあえず後回しでいいでしょう。

小太郎の電卓部屋

100 × 1.127 × 0.942 × 1.373 ≒ 145.8

肢4　肢3と同様に足し算をしてみましょう。

アメリカ	−11.5 − 16.3 + 2.4 = −25.4
チリ	−9.1 − 5.5 − 9.3 = −23.9

小太郎の電卓部屋

8年を100とするよ。
アメリカ　100×0.885×0.837×1.024≒75.9
チリ　100×0.909×0.945×0.907≒77.9
アメリカのほうが減っているね。

ちょっと微妙ですね。しかし、どちらも似たような大きさの数値ですから、誤差どうしの差もわずかでしょう。アメリカの減少率のほうが大きいとみてよさそうです。ただ、これも不安であれば後回しになるでしょう。

肢5　中国とチリの輸入数量を比べるのは不可能ですね。

以上から、肢3と肢4で決着をつけることになります。増加率の足し算の結果で判断すると、肢4が正解ですが、両方とも微妙なのは否めませんね。もし納得がいかなければ、肢３のほうが計算１つで済みますから、こちらを計算してみるといいでしょう。

正解が肢４であることは、側注の電卓部屋で確認できます。

4

MEMO

Standard 39

目標時間 6 分

表は、旅行や行楽を行った人の割合（行動者率）を調査した結果を示したものである。これから確実にいえるのはどれか。なお、行動者率とは、過去１年間に該当する種類の活動を行った者が調査対象者に占める割合をいう。

出典 国家一般職 2018

（単位：％）

		平成 18 年	平成 23 年	平成 28 年
旅行（1 泊 2 日以上）	全体	63.7	59.3	59.1
	男性	63.4	58.5	57.3
	女性	63.9	60.1	60.8
国内旅行	全体	62.2	57.9	58.0
	男性	62.0	57.2	56.2
	女性	62.5	58.6	59.6
観光旅行	全体	49.6	45.4	48.9
	男性	47.9	43.3	47.4
	女性	51.2	47.4	50.3
帰省・訪問などの旅行	全体	25.2	23.8	26.0
	男性	24.2	22.7	25.4
	女性	26.2	24.9	26.6
海外旅行	全体	10.1	8.9	7.2
	男性	10.2	8.5	6.3
	女性	10.0	9.2	8.1
行楽（日帰り）	全体	60.0	58.3	59.3
	男性	56.9	54.8	56.3
	女性	63.0	61.6	62.1

1．平成 18 年の調査結果についてみると、女性の行動者率は、「旅行（1 泊 2 日以上）」に含まれるいずれの活動においても男性を上回っている。

2．平成 18 年の調査結果についてみると、「国内旅行」と「海外旅行」の両方を行った者が、同年の調査対象者全体に占める割合は、10％以上である。

3．平成 23 年の調査結果についてみると、「旅行（1 泊 2 日以上）」を行ったが、「行楽（日帰り）」は行わなかった男性が、同年の調査対象の男性に占める割合は、5％未満である。

4．平成 28 年の調査結果についてみると、「行楽（日帰り）」を行った男性は、「行楽（日帰り）」を行った女性よりも多い。
5．平成 28 年の調査結果についてみると、「国内旅行」を行った者のうち、「観光旅行」と「帰省・訪問などの旅行」の両方を行った者の割合は、25%以上である。

肢 1　平成 18 年の「海外旅行」は、男性が 10.2%、女性が 10.0%で、男性のほうが多いですね。

肢 2　平成 18 年の調査対象者のうち、「旅行（1 泊 2 日以上)」を行ったのは全体の 63.7%ですが、そのうち「国内旅行」は 62.2%、「海外旅行」は 10.1%で、これを合わせると 72.3%になります。そうすると、調査対象者のうち、少なくとも 72.3 − 63.7 = 8.6（%）は両方を行ったことになりますが、10%以上であるかはわかりません。

肢 3　平成 23 年男性の「旅行（1 泊 2 日以上)」は 58.5%、「行楽（日帰り)」を行わなかったのは 100 − 54.8 = 45.2（%）ですが、両方に当てはまる者が 5%以上の可能性はあります。

合わせると 58.5 + 45.2 = 103.7 だから、3.7%以上は必ずいる！でも、5%未満かはわからないってことだ！

肢 4　平成 28 年の調査対象者のうち、「行楽（日帰り)」を行ったのは、男性が 56.3%、女性が 62.1% で、合わせて 59.3% ですから、テクニック⑧より、てんびん図に表すと、次のようになります。

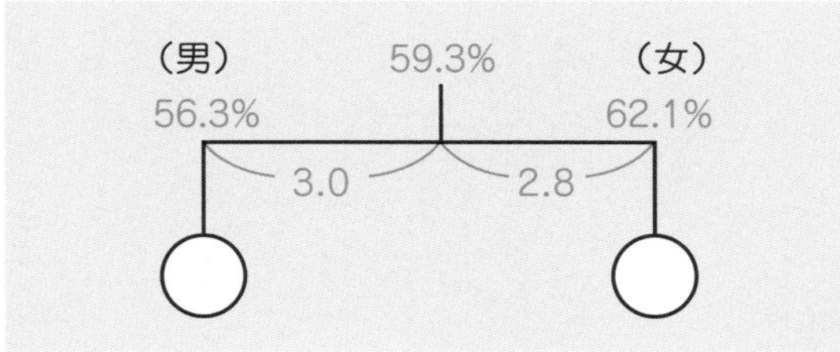

両端から支点までの距離の比が 3.0：2.8 = 15：14 ですから、重さ（人数）の比は、男性：女性＝14：15 となり、調査対象者は女性のほうが多いですね。

さらに、割合も女性のほうが多いので、「行楽（日帰り)」を行ったのは女性のほうが多いとわかります。

28 年の他の区分（旅行）で計算しても「14：15」にならないよね。これは四捨五入の関係かな。でも、どこを計算しても、女性のほうが多いことは確認できるね。

肢5　平成28年の「国内旅行」は58.0%ですね。そのうち、「観光旅行」と「帰省・訪問などの旅行」を合計すると48.9＋26.0＝74.9（%）ですから、少なくとも74.9－58.0＝16.9（%）は両方を行っており、これは58.0%の$\frac{1}{4}$（＝25%）を超えます。

$58.0 \times \frac{1}{4} = 14.5$（%）

よって、本肢は確実にいえます。

5

MEMO

深呼吸

Standard 40

目標時間 6 分

次の図から正しくいえるのはどれか。　出典 東京都Ⅱ類 2003

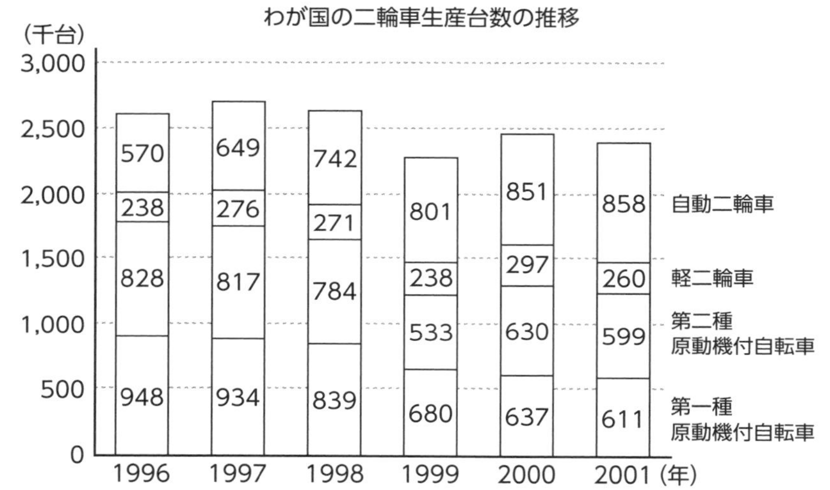

1．1997 年から 2001 年までの各年についてみると、第一種原動機付自転車の生産台数に対する第二種原動機付自転車の生産台数の比率は、いずれの年も 0.8 を上回っている。

2．1997 年から 2001 年までのうち、二輪車生産台数の合計が前年に比べて減少した年は、いずれの年も自動二輪車及び軽二輪車の生産台数の合計は前年に比べて増加している。

3．1997 年から 2001 年までの各年についてみると、二輪車生産台数の合計に占める軽二輪車の生産台数の割合は、いずれの年も $\frac{1}{10}$ を上回っている。

4．1997 年に対する 1999 年の二輪車生産台数の比率についてみると、最も小さいのは第一種原動機付自転車である。

5．二輪車生産台数の合計に占める自動二輪車の生産台数の割合についてみると、2001 年は 1996 年の 2 倍を上回っている。

肢 1　1999 年について見ると、第一種の 680 に対して第二種は 533 ですが、680 × 0.8 = 544 ですから、この年の比率は 0.8 に足りません。

肢 2　2001 年について見ると、合計はグラフの高さから明らかに減少していますね。この年の自動二輪車は前年より 7 増加していますが、軽二輪車は 37 の減少で、その合計は減少しています。

肢 3　二輪車生産台数の合計はおおよそのところはグラフの高さでわかりますが、厳密には 4 種類を合計してみないとわかりませんね。2000 年と 2001 年については明らかに、合計が 2,500 未満ですが、軽二輪車は 250 以上ありますので、$\frac{1}{10}$ は上回っています。

しかし、1997 年～ 1999 年はいずれも合計が軽二輪車の 10 倍程度の高さを示しており、合計をきちんと算出しなければ判断しかねます。簡単な足し算なので計算してもいいでしょう。面倒なら後回しです。

4 種類の合計は次のとおり。

1997 年　934 + 817 + 276 + 649 = 2,676

1998 年　839 + 784 + 271 + 742 = 2,636

1999 年　680 + 533 + 238 + 801 = 2,252

肢 4　1997 年→ 1999 年で、第一種の他に第二種もけっこう減少していますので、この 2 種類の減少率を比較してみます。

　それぞれの減少数は、第一種は 934 − 680 = 254 で、第二種は 817 − 533 = 284 ですから、1997 年に対する減少率は次のようになり、明らかに第二種のほうが高いですね。

（第一種）　　（第二種）

$$\frac{254}{934} < \frac{284}{817}$$

第二種のほうが、分子は大きくて、分母は小さいよね。

　よって、第一種より第二種のほうが比率は下がっていると判断でき、比率が最も小さいのは第一種ではありません。

肢 5　1996 年に対して 2001 年の自動二輪車の生産台数は 570 → 858 ですから、1.5 倍程度になっていることがわかります。しかし、合計が 2001 年のほうがやや少ないので、全体に対する比率はもう少し上がるでしょうが、2 倍までいくでしょうか？　ちょっと厳しいように感じますが、これも 4 種類の合計を算

1996 年と 2001 年の合計は次のとおり。

1996 年　948 + 828 + 238 + 570 = 2,584

2001 年　611 + 599 + 260 + 858 = 2,328

出しなければなんともいえませんね。面倒なら後回しになります。

　ということで、肢３か肢５の計算を迫られたことになりますね。可能性の高さからいっても、足し算だけで済むあたりから考えても、肢３でしょうか。側注の電卓部屋で確認できるように、いずれも軽二輪車の 10 倍を満たしません。肢３が正しくいえますね。

　ちなみに肢５では、自動二輪車の比率は次のように、２倍に満たないことが確認できます。

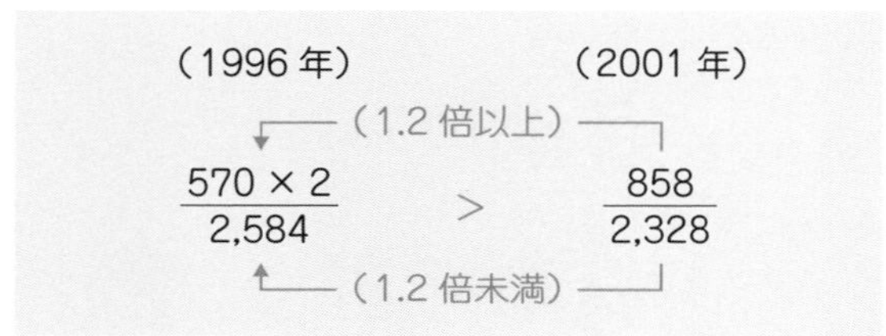

2001 年が 1996 年の２倍より大きいかだから、1996 年の分子を２倍して比較したんだよ。

MEMO

次は
High Level に
チャレンジ !!

LEVEL

ちょっとレベルの高い
問題に挑戦しよう！
面白い問題もあるから、
最後まで解いてみて！

High Level 1

目標時間 6 分

図Ⅰは、ある会社について、会社全体の売上高の推移と、東京本社，名古屋支社，大阪支社の売上高（2005 年度を 100 とする指数）の推移を示したものであり、図Ⅱは、2014 年度の売上高の構成比を示したものである。これらから確実にいえるのはどれか。

出典 国家総合職 2018

図Ⅰ　売上高の推移

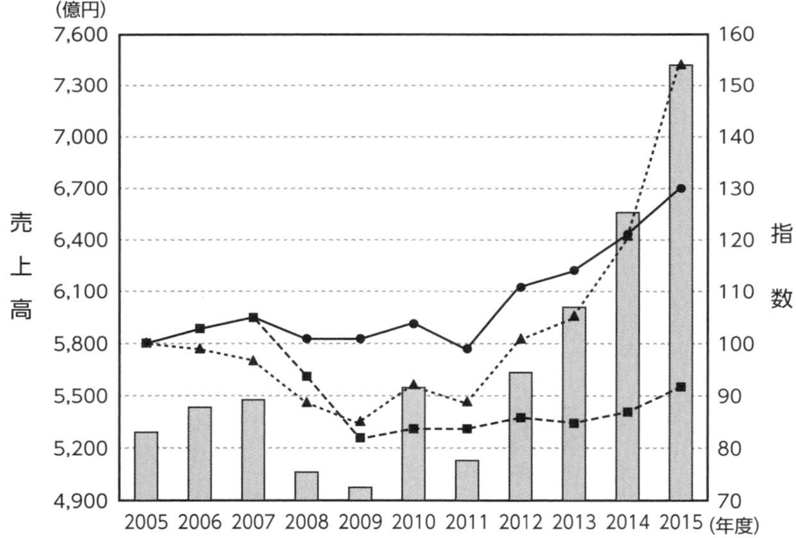

図Ⅱ　売上高の構成比（2014年度）

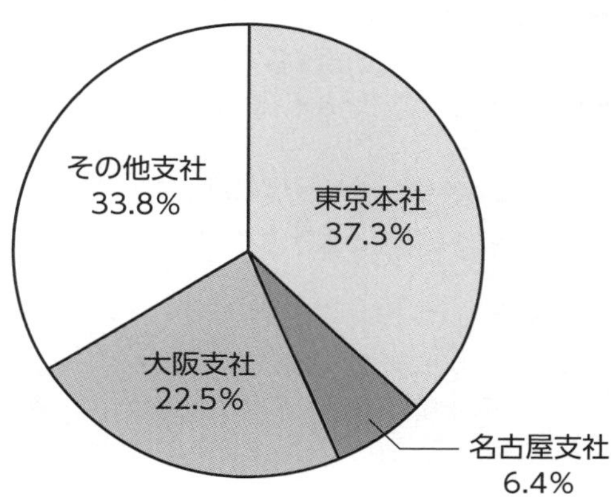

1. 2005年度以降についてみると、名古屋支社の売上高が最大となるのは2007年度で、その売上高は1,000億円を上回っている。
2. 2005年度以降についてみると、名古屋支社の売上高が大阪支社の売上高を初めて下回るのは、2009年度である。
3. 2009年度についてみると、大阪支社の売上高が会社全体の売上高に占める割合は、25%を下回っている。
4. 2012年度についてみると、東京本社の売上高の対前年度増加率は、大阪支社のそれに等しい。
5. 2015年度についてみると、東京本社の売上高は、名古屋支社の売上高の5倍を下回っている。

肢1　図Ⅰより、名古屋支社の指数が最大なのは2007年度ですから、この年の売上高が最大です。

では、その売上高ですが、まず2014年度の売上高を求めましょう。2014年度の会社全体の売上高は約6,550で、図Ⅱより、名古屋支社は6.4%ですから、500に及びませんね。

そして、2014年度の売上高の指数は約87で、2007年度は約105ですから、2007年度は2014年度の1.5倍にも及びません。

これより、2007年度の売上高は、500 × 1.5 = 750にも及ばないとわかり、1,000を上回ることはありません。

左目盛の1目盛は300だからね。

小太郎の電卓部屋

2014年度の売上高
6,550 × 0.064 = 419.2
2007年度の売上高
$419.2 \times \frac{105}{87} \fallingdotseq 505.9$

肢2　2014年度の売上高を、会社全体を100とすると、大阪支社は22.5、名古屋支社は6.4となりますね。

2005年度以降で、名古屋支社の売上高が最も高かったのは2007年度ですが、肢1で確認したように、2014年度の1.5倍に満たないので、6.4 × 1.5 = 9.6に及びません。

一方、大阪支社のそれは、最も低かった2009年度でも、指数は約85で、2014年度の指数120の$\frac{2}{3}$以上ありますから、22.5 × $\frac{2}{3}$ = 15.0以上あります。

よって、名古屋支社は2005年度以降、常に大阪支社を下回っており、2009年度に初めて下回ったわけではありません。

肢3　大阪支社の2014年度の売上高は、約6,550の22.5%で、これは1,500にやや足りません。また、2009年度の売上高は、肢2より、2014年度の$\frac{2}{3}$ちょっとですから、1,000程度ですね。

一方、2009年度の会社全体の売上高は4,900以上ですから、大阪支社の割合は25%を下回っているとみていいでしょう。本肢は確実にいえます。

肢4　2011年度→2012年度で、東京本社と大阪支社の指数はほぼ同じだけ増加しています。

しかし、2011年度の指数は大阪支社のほうが小さいので、増加率は大阪支社のほうが大きくなりますね。

肢5　2014年度の売上高は、名古屋支社の6.4%に対して、東京本社は37.3%で、5倍を上回っています。

また、2014年度→2015年度の指数の増加を見ると、名古屋支社が約87→92で、その差は5ですから、増加率は6%ほどです。また、東京本社は約121→130で、その差は9ですから、増加率は7%ほどですね。

そうすると、増加率はそれほど変わらないか、東京本社のほうがやや上なので、2015年度の売上高でも、東京本社は名古屋支社の5倍を上回ると判断できます。

3

小太郎の電卓部屋

2009年度の大阪支社　6,550 × 0.225 × $\frac{85}{120}$ ≒ 1,044
2009年度の会社全体を4,980とすると、1,044 ÷ 4,980 ≒ 0.21

両方とも11～12増えてるね。

ナットクいかない方はこちら

もとの数（2011年度の指数）に対してどれだけ増えたかってことだからね。
たとえば、100に対してプラス10だと増加率10%だけど、20に対してプラス10だと増加率50%だよね。

ワンポイントアドバイス One Point Advice

本問のグラフは、売上高は4,900、指数は70から始まっている。つまり、「0からスタート」ではないので、グラフの長さや高さにだまされないように、目盛をしっかり読んでね。

MEMO

High Level 2

目標時間 6 分

表は、日本を含む 10 か国の農業の状況を示したものである。この表から確実にいえるのはどれか。

ただし、穀物生産量＝（耕地 1ha 当たり収穫量）×（穀物耕地面積）で求めるものとする。

出典 郵政公社総合職 2003

各国における農業の状況

	農業就業人口（千人）	就業人口に占める割合（%）	耕地面積（千 ha）	国土面積に占める割合（%）	穀物生産量（千 t）	耕地1ha当たり収穫量（kg）
日本	2,915	4.3	4,949	13.1	12,281	5,998
韓国	2,484	10.6	1,924	19.4	7,699	6,553
中国	511,205	67.5	135,365	14.1	457,038	4,882
イギリス	538	1.8	6,425	26.2	22,045	7,025
フランス	937	3.5	19,483	35.3	64,761	7,248
ドイツ	1,066	2.6	12,060	33.8	44,333	6,679
アメリカ合衆国	3,040	2.2	179,000	19.1	336,028	5,735
カナダ	405	2.4	45,700	4.6	53,776	3,083
ブラジル	13,421	17.3	65,300	7.6	47,635	2,731
オーストラリア	443	4.7	53,100	6.9	31,117	1,945

1. 日本の総人口は、10 か国の中で 4 番目に多い。
2. 10 か国の中で、国土面積が最も広いのは中国である。
3. カナダの全就業人口は、オーストラリアの全就業人口の 2 倍を超えている。
4. 10 か国の中で、穀物耕地面積が 2 番目に広いのはアメリカ合衆国である。
5. 農業就業人口 1 人当たりの耕地面積を比較すると、カナダは日本の約 50 倍である。

肢 1　農業就業人口と就業人口に占める割合が与えられていますので、全就業人口なら算出できますが、総人口は判断できませんね。

肢 2　国土面積は、これに「国土面積に占める割合」…（a）を掛けたのが「耕地面積」…（b）ですから、b を a で割ればわかりますね。

中国は、国土面積の 14.1％で 135,365 ですから、アメリカ、カナダあたりがこれと競っているのがわかるでしょう。カナダと比較してみましょう。テクニック②を使うと、分子は中国がカナダの 3 倍に満たないのに対して、分母は 3 倍を超えていますね。

ナットクいかない方はこちら

14％で 14 万弱だから、国土面積は 100 万弱ってとこだね。アメリカもカナダも似たようなもんでしょ！

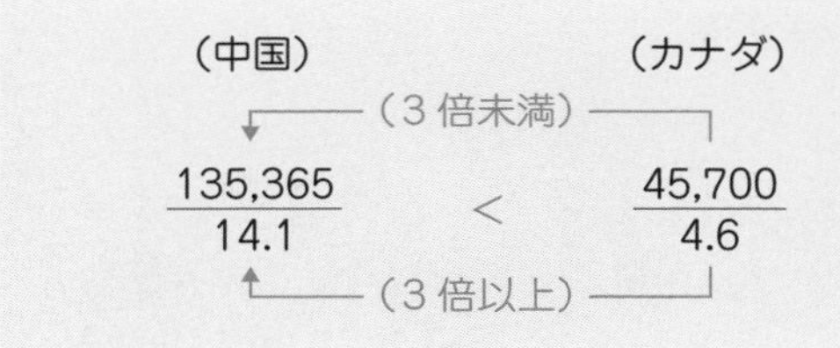

よって、カナダのほうが大きいことがわかります。

肢 3　肢 2 と同様に、全就業人口も、「農業就業人口」を「就業人口に占める割合」で割れば判断できますね。オーストラリアを 2 倍してもいいのですが、ここはカナダを半分にしてみてください。次のようになりますね。

2 で割るんだから、分母に 2 を掛ければいいんだよ！

（カナダ）　　（オーストラリア）

$$\frac{405}{2.4 \times 2} < \frac{443}{4.7}$$

オーストラリアのほうが、分子は大きく分母は小さいので、明らかにこちらのほうが大きいですね。

つまり、カナダの半分より大きいわけですから、カナダの全就業人口はオーストラリアの 2 倍に満たないですね。

肢 4　問題文のただし書きからわかるように、穀物耕地面積は、「穀物生産量」…（c）を、「耕地 1ha 当たり収穫量」…（d）で割ればわかります。アメリカに対して、中国だけは c が大きく d が小さいので、中国＞アメリカは明らかです。

しかし、他の国についてはいずれも c がアメリカよりかなり小さく、最も大きいフランスでも $\frac{1}{5}$ に足りません。ですが、c が $\frac{1}{5}$ 未満でも、d も $\frac{1}{5}$ 未満であれば、$c \div d$ の値はいい勝負かもしれませんが、d の値はいずれの国もアメリカの $\frac{1}{3}$ 以上ありますね。

よって、アメリカより大きいのは中国のみとなり、本肢は確実にいえます。

肢5　耕地面積を農業就業人口で割りましょう。日本を 50 倍して比較すると、次のようになりますね。

（カナダ）	（日本）
$\frac{45,700}{405}$	$\frac{4,949 \times 50}{2,915}$

分子は日本がカナダの 5 ～ 6 倍になるでしょうが、分母は 7 倍以上ありますね。そうすると、これでもまだまだカナダのほうが大きいことがわかります。約 50 倍とはいえませんね。

4

小太郎の電卓部屋

カナダ
45,700 ÷ 405 ≒ 112.8
日本
4,949 ÷ 2,915 ≒ 1.7
112.8 ÷ 1.7 ≒ 66.4（倍）

MEMO

High Level 3

目標時間 6 分

次の図から確実にいえるのはどれか。　　出典 特別区 I 類 2019

住宅の所有の関係別住宅数の構成比の推移

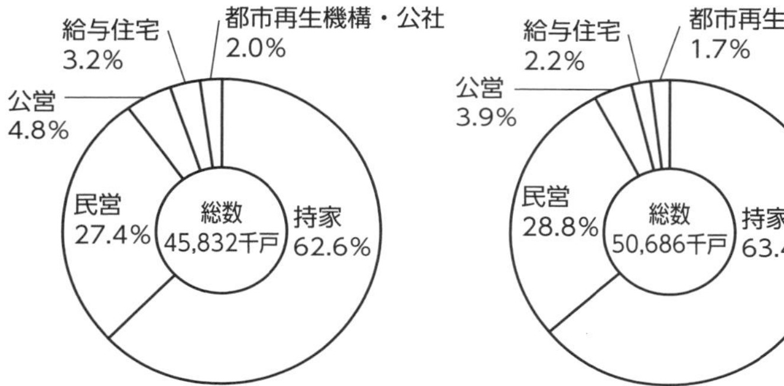

1. 平成 15 年における「民営」の戸数に対する「公営」の戸数の比率は、平成 25 年におけるそれを上回っている。
2. 「持家」の戸数の平成 15 年に対する平成 25 年の増加数は、「民営」の戸数のそれの 1.8 倍を上回っている。
3. 平成 15 年及び平成 25 年の両年とも、「持家」の戸数は、「公営」のそれの 15 倍を上回っている。
4. 「公営」の戸数の平成 15 年に対する平成 25 年の減少率は、「給与住宅」の戸数のそれより大きい。
5. 平成 15 年の「都市再生機構・公社」の戸数を 100 としたときの平成 25 年のそれの指数は、90 を下回っている。

肢1　平成15年と25年それぞれの「民営」に対する「公営」の比率は、構成比の比率で判断できます（テクニック④）。

これより、以下のように、15年 > 25年とわかり、本肢は確実にいえます。

（平成15年）		（平成25年）
$\frac{4.8}{27.4}$	>	$\frac{3.9}{28.8}$

15年のほうが、分子は大きく、分母は小さいね。

肢2　「持家」と「民営」それぞれの戸数は次のような計算になりますが、概算もけっこう厳しいですね。

	（平成15年）		（平成25年）
「持家」	45,832 × 62.6%	→	50,686 × 63.4%
「民営」	45,832 × 27.4%	→	50,686 × 28.8%

後回しが賢明でしょう。

小太郎の電卓部屋

「持家」の増加数（25年－15年）
50,686 × 0.634 － 45,832 × 0.626 ≒ 3,444
「民営」の増加数（25年－15年）
50,686 × 0.288 － 45,832 × 0.274 ＝ 2,040
「持家」の増加数÷「民営」の増加数
3,444 ÷ 2,040 ≒ 1.69（倍）

肢3　肢1と同様、構成比の比率で判断できますね。平成15年の「公営」は4.8％で、これの15倍は72％ですから、「持家」の構成比はこれを下回ります。

肢4　増減率の大小だけであれば、平成15年に対する25年の比率の大小で判断できます（テクニック⑤）。比率の大小は、ここもテクニック④より、構成比だけで次のように比較できますね（テクニック②）。

ちょっと補足

$\frac{25年の戸数}{15年の戸数}$のこと。これが大きいほうが増減率も大きいってこと。

ちょっと補足

$\frac{25年の戸数}{15年の戸数}$の大小は、$\frac{25年の構成比}{15年の構成比}$の大小で判断できるってことだよ。

「公営」		「給与住宅」
←（1.7倍以上）―		
$\frac{3.9}{4.8}$	>	$\frac{2.2}{3.2}$
←（1.5倍）―		

「公営」のほうが、比率が大きいので増減率も大きい、つまり、減少率は小さいとわかります。

肢5　「都市再生機構・公社」の平成15年→25年は次のようになります。

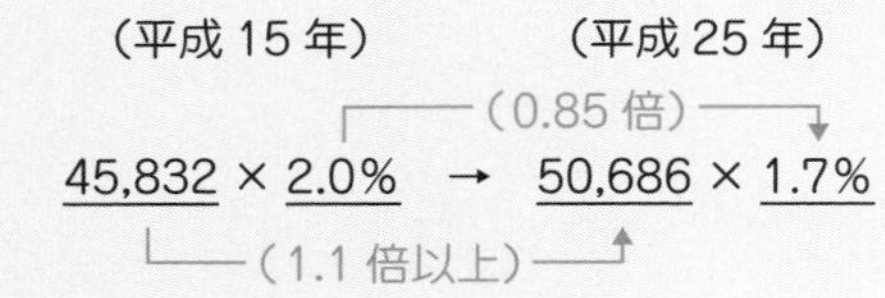

これより、15 年に対する 25 年の値は、1.1 × 0.85 ＝ 0.935（倍）以上ありますので、指数は 90 を上回ります。

さて、本問は肢 1 の正解肢の判断はわりとラクでしたが、肢 2 以降はやや面倒なものもあり、特に肢 2 は強敵でしたね。

お気づきかもしれませんが、資料解釈の正解肢はわりと後半（肢 3 以降）にあることが多いので、肢 5 から順に見るという方もいらっしゃるようです。しかし、本問では、肢 1 からと肢 5 からでは天国と地獄でしたね。出題者の作為を感じる 1 問でした。

ただ、肢 5 から見た場合も、肢 5，4，3 はそこそこの時間で切れるかと思いますので、肢 2 でつまずいても、残る肢 1 を先に見れば答えは出ます。ある程度の運・不運は仕方ないですが、自分なりの戦略をきちんと立てて練習しましょう。

MEMO

High Level 4

目標時間 6 分

表は、ある地域における工芸品の生産量を示したものである。これらから確実にいえることとして最も妥当なのはどれか。　出典 国家総合職 2022

(単位：個)

所属	工場等	拠点	2016年	2017年	2018年	2019年	2020年
X製作所	A工場	北部	1,486	1,951	2,271	2,320	2,513
	B工場	西部	1,275	1,504	2,117	2,443	2,834
Y株式会社	C工場	北部	666	663	518	623	607
	D工場	南部	283	200	281	247	218
	E工場	西部	218	325	352	608	623
	F工房	北部	1,608	1,876	1,486	1,570	1,412
	Gインテリア	北部	297	267	242	203	237
	H堂	南部	329	314	417	346	422
	I工芸	西部	93	97	124	141	164
	全工場等合計		6,255	7,197	7,808	8,501	9,030

所属別合計	2016年	2017年	2018年	2019年	2020年
X製作所計	2,761	3,455	4,388	4,763	5,347
Y株式会社計	1,167	1,188	1,151	1,478	1,448

1. 2016年と2020年の全ての工場等について比較すると、生産量の減少率が最も高いのはF工房である。
2. 2017～2020年において、全工場等合計における生産量の対前年増加率が最も高い年と、X製作所計における生産量の対前年増加率が最も高い年は、同じである。
3. 2017～2020年において、西部に拠点を置く工場等の生産量の合計に占めるB工場の生産量の割合は、前年と比較して毎年上昇している。
4. 2018年において、生産量の対前年増加率が最も高い工場等と2番目に高い工場等は、共に南部に拠点を置いている。
5. 2019年において、X製作所計の生産量に占めるA工場の生産量の割合と、Y株式会社計の生産量に占めるC工場の生産量の割合は、共に前年と比較して低下している。

肢1　2016年→2020年のF工房は、1,608→1,412で、200弱の減少ですから、減少率は2割に及びません。

一方、D工場のそれは、283→218で65減少しており、減少率は2割以上になります。

よって、減少率が最も高いのはF工房ではありません。

肢2　まず、全工場等合計の2017年～2020年について、前年からの増加数を計算して、増加率の高そうな年を探します。

2017年　7,197 − 6,255 = 942
2018年　7,808 − 7,197 = 611
2019年　8,501 − 7,808 = 693
2020年　9,030 − 8,501 = 529

前年からの増加数が最も大きいのは2017年で、前年の値が最も小さいのも2017年ですから、対前年増加率が最も大きいのは2017年となりますね。

また、X製作所計についても同様に、増加数を計算すると、

2017年　3,455 − 2,761 = 694
2018年　4,388 − 3,455 = 933
2019年　4,763 − 4,388 = 375
2020年　5,347 − 4,763 = 584

となり、増加数が最も大きいのは2018年ですから、次のように、対前年増加率の大小を2017年と比較します。

（2017年）　　（2018年）

（1.3倍以上）

$$\frac{694}{2,761} < \frac{933}{3,455}$$

（1.3倍未満）

ナットクいかない方はこちら

対前年増加率は、$\frac{\text{増加数}}{\text{前年の値}}$

つまり、2017年だったら、

$\frac{\text{2017年増加数}}{\text{2016年の値}} = \frac{942}{6,255}$

と求めるよね。

小太郎の電卓部屋

全工場等合計の増加率
2017年　942 ÷ 6,255 ≒ 0.15
2018年　611 ÷ 7,197 ≒ 0.08
2019年　693 ÷ 7,808 ≒ 0.09
2020年　529 ÷ 8,501 ≒ 0.06

X製作所計の増加率
2017年　694 ÷ 2,761 ≒ 0.25
2018年　933 ÷ 3,455 ≒ 0.27
2019年　375 ÷ 4,388 ≒ 0.09
2020年　584 ÷ 4,763 ≒ 0.12

これより、こちらは対前年増加率が最も高いのは2017年ではありませんので、全工場等合計と同じではありません。

肢3　西部に拠点を置くのは、B工場，E工場，I工芸ですので、B工場と他の2工場等の増加率を比較して、テクニック⑦より割合の増減を考えます。

まず、B工場の2016年→2017年は、1,275→1,504で、増加数は230程度ですから増加率は2割未満ですね。

一方、E工場とI工芸の合計を見ると、2016年は218＋93＝311、2017年は325＋97＝422で、増加数は100以上あり、増加率は3割以上です。

これより、2017年の対前年増加率は、B工場＜他の2工場等となり、他の2工場等に対するB工場の割合は前年より下がっていますので、西部に拠点を置く3工場等の合計に占めるB工場の割合も下がっていると判断できます。

よって、毎年上昇してはいません。

肢4　南部に拠点を置くのはD工場とH堂の2工場等ですから、2018年の対前年増加率が大きいほうから1番と2番がこの2工場等かを確認します。

まず、2017年→2018年のD工場は、200→281で81増加しており、増加率は4割程度ですね。また、H堂のそれは314→417で103増加しており、増加率は3割強です。

一方、B工場のそれは、1,504→2,117で613増加しており、増加率は4割を超え、H堂より高いとわかりますね。

よって、D工場とH堂で1番と2番ではないと判断できます。

小太郎の電卓部屋

2018年の対前年増加率
B工場　613 ÷ 1,504 ≒ 0.408
D工場　81 ÷ 200 ＝ 0.405
H堂　　103 ÷ 314 ≒ 0.328

肢5　まず、X製作所計に占めるA工場の割合について、2018年は、A工場＞B工場でしたが、2019年はA工場＜B工場となっていますので、2018年→2019年でA工場の割合は低下しています。

ちょっと補足

2018年はA工場が過半数だったけど、2019年は半数未満ってことだよね。

次に、Y製作所計に占めるC工場の割合について、まず、Y製作所計の2018年→2019年は1,151→1,478で327増加しており、増加率は3割弱ですが、C工場のそれは518→623で105増加しており、増加率は2割程度です。

すなわち、増加率はY製作所計＞C工場となり、テクニック⑦より、Y製作所計に占めるC工場の割合も低下しています。

よって、本肢は妥当です。

5

High Level 5

目標時間 6 分

表は、ある家電量販店におけるパソコンの販売台数及び販売額の推移を示したものである。これから確実にいえるのはどれか。　出典 国家総合職 2019

			2013 年	2014 年	2015 年	2016 年	2017 年
販売台数（台）			4,001	3,551	3,836	4,221	4,617
	デスクトップ		1,529	1,380	1,520	1,747	1,949
		国産	708	659	761	898	1,001
		輸入	821	721	759	849	948
	ノート型		2,472	2,171	2,316	2,474	2,668
		国産	1,189	1,059	1,154	1,255	1,379
		輸入	1,283	1,112	1,162	1,219	1,289
販売額（十万円）			4,618	4,104	4,472	4,958	5,456
	デスクトップ		2,176	1,920	2,128	2,428	2,674
		国産	1,097	1,021	1,209	1,461	1,651
		輸入	1,079	899	919	967	1,023
	ノート型		2,442	2,184	2,344	2,530	2,782
		国産	1,253	1,157	1,309	1,478	1,683
		輸入	1,189	1,027	1,035	1,052	1,099

1. 2016 年における販売台数の対前年増加率が最も高いのは、ノート型（国産）である。
2. 2013 ～ 2017 年における販売台数に占める輸入パソコンの割合が最も大きいのは、2015 年である。
3. 2014 ～ 2017 年におけるデスクトップの販売額の対前年増加率が最も高いのは、2015 年である。
4. 2013 ～ 2017 年における販売額に占める国産パソコンの割合は、一貫して増加している。
5. 2013 ～ 2017 年における平均販売単価は、いずれの年についても、ノート型（国産）がデスクトップ（輸入）より高い。

肢1　ノート型（国産）販売台数の2015年→2016年は、1,154→1,255で、100ほど増加していますが、これは1,154の1割に足りません。

一方、デスクトップ（国産）のそれは、761→898で、130以上増加しており、これは761の2割近くになります。

よって、対前年増加率はデスクトップ（国産）のほうが高いです。

肢2　2015年の販売台数は、デスクトップ，ノート型とも、国産と輸入がほぼ同じなのに対し、2013年，2014年は、明らかに輸入のほうが多く、輸入の割合は2013年，2014年のほうが大きいとわかります。

肢3　デスクトップ販売額の2014年→2015年は、1,920→2,128で、200ほど増加しており、これは1,920の10～11%になります。

一方、2015年→2016年のそれは、2,128→2,428で、300増加しており、これは2,128の14%以上になります。

よって、対前年増加率は2016年のほうが高いです。

肢4　2013年→2014年の販売額はいずれも減少していますが、国産については、デスクトップ，ノート型とも1割まで減っていないのに対し、輸入はいずれも1割以上減っているのがわかります。

よって、2014年の国産の割合は2013年より増加していますね。

また、2015年以降はいずれの年も、国産はデスクトップ，ノート型とも前年より1割以上増え続けているのに対し、輸入はいずれも1割まで増えていません。

よって、2015年以降いずれの年も、国産の割合は前年より増加しており、一貫して増加しているといえます。

すなわち、本肢は確実にいえます。

肢5　2013年について見ると、ノート型（国産）の「販売額÷販売台数」は、1,253÷1,189で、これは1.1に足りません。

2014年と2015年も、デスクトップ（輸入）のほうが高いよ！

一方、デスクトップ（輸入）のそれは、1,079 ÷ 821 で、これは 1.3 を超えます。

よって、この年の平均販売単価は、デスクトップ（輸入）のほうが高いです。

MEMO

High Level 6

目標時間 6 分

図は世界全体の燃料別一次エネルギー消費割合を、表は燃料別一次エネルギー消費量の国別割合をそれぞれ示している。これらから確実にいえるのはどれか。

出典 国税専門官 2003

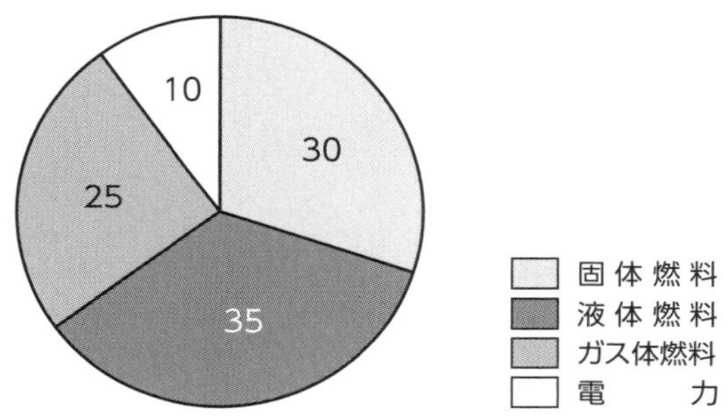

(%)

	フランス	イギリス	日本	ドイツ	アメリカ合衆国	中国	その他
固体燃料	0.7	1.8	3.6	3.7	23.9	27.7	38.6
液体燃料	2.5	2.6	7.4	4.1	26.5	4.6	52.3
ガス体燃料	1.7	3.9	2.9	3.8	27.2	0.9	59.6
電力	12.0	3.1	10.3	5.1	25.6	2.2	41.7

1. 中国の一次エネルギー消費量は、フランスのそれの 6 倍を超えている。
2. 世界全体の一次エネルギー消費量に占める中国の割合は、10 パーセントを超えている。
3. 日本の電力消費量は、イギリスの液体燃料消費量を下回っている。
4. アメリカ合衆国の国民 1 人当たりの一次エネルギー消費量は、ドイツのそれの 5 倍を超えている。
5. 世界全体の一次エネルギー消費量に占める表の 6 か国の割合は 60 パーセントを超えている。

肢1　中国の消費量がフランスに比べて圧倒的に大きいのは固体燃料で、30倍以上ありますね。しかし、他の燃料はそこまで差がないので、6倍を超えるかどうかはきちんとした検討が必要です。後回しでかまわないでしょうが、ちょっとだけ計算してみましょうか。

ちょっと補足

電力はフランスがかなり大きいけど、電力の割合が小さいしね。

　まず、本来であれば、図の構成比に表の構成比を掛けて、燃料別消費量を比較するのですが、図の構成比がいずれも5の倍数で、30：35：25：10＝6：7：5：2と簡単になりますよね。そうすると、次のような計算で比較すればいいでしょう。

ちょっと補足

たとえば中国の固体燃料は、30×27.7、液体燃料は35×4.6…を合計して、フランスと比較すればいいよね。

中国　$6 \times 27.7 + 7 \times 4.6 + 5 \times 0.9 + 2 \times 2.2 = 207.3$

フランス　$6 \times 0.7 + 7 \times 2.5 + 5 \times 1.7 + 2 \times 12.0 = 54.2$

　これより、6倍には及ばないとわかります。

肢2　肢1の結果でわかりますね。図の構成比は5で割っていますから、世界全体のエネルギーを20×100＝2,000としたところで、中国は207.3を占めていることになり、これは10％を超えていますね。したがって本肢は確実にいえます。

ちょっと補足

肢1の計算では、図の全体を6＋7＋5＋2＝20として、表の構成比（全体100）を掛けたんだからね。

肢3　図の電力と液体燃料は2：7ですから、次のように比較でき、明らかに日本の電力のほうが大きいですね。

（日本の電力）		（イギリスの液体燃料）
2×10.3	＞	7×2.6

肢4　人口がわかるようなデータはありませんから、「国民1人当たりの消費量」は判断できませんね。

肢5　表の「その他」の数値に着目してください。その構成比が40％を下回っているのは固体燃料のみで、それもほんのわずかです。それに対して、世界全体の構成比が固体燃料より大きい液体燃料が、40％を大きく上回っていますから、この2燃料だけでも「その他」が40％を下回ることはないことがわかります。すなわち、表の6か国で60%を超えることはないですね。

　さて、本問は最初の肢1と肢2がちょっとやっかいでしたね。仮に2肢とも後回しにしたとして、肢3～5はわりと簡単に切れてしまうでしょうから、いずれかはきちんとした検討をすることになったでしょう。計算量からすると肢2が適当でしょうね。

2

MEMO

深呼吸

High Level 7

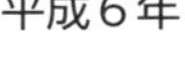

次の図から確実にいえるのはどれか。　　　　出典 特別区Ⅰ類 2003

我が国における外国人留学生数及びその専攻分野別構成比の推移

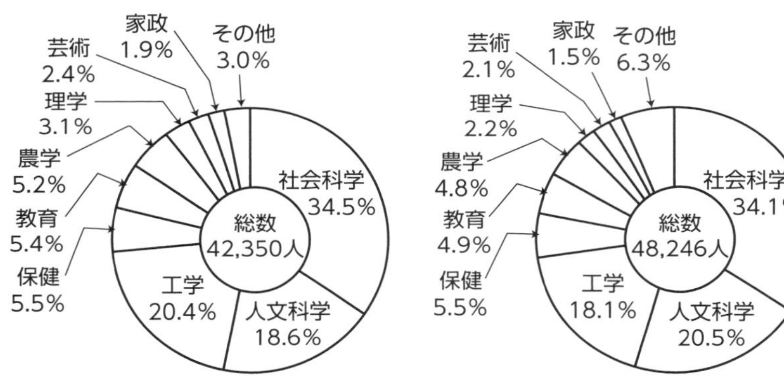

1. 理学の外国人留学生数の平成6年に対する平成11年の減少率は、25%より大きい。
2. 平成6年の家政の外国人留学生数を100としたときの平成11年のそれの指数は、95を上回っている。
3. 社会科学の外国人留学生数の平成6年に対する平成11年の増加率は、保健の外国人留学生数のそれより小さい。
4. 平成11年における教育の外国人留学生数は、平成6年における工学のそれの4分の1を下回っている。
5. 人文科学の外国人留学生数の平成6年に対する平成11年の増加数は、農学の外国人留学生数のそれの15倍を下回っている。

肢1　理学の平成6年と11年について、総数×構成比を比較すると次のようになります。

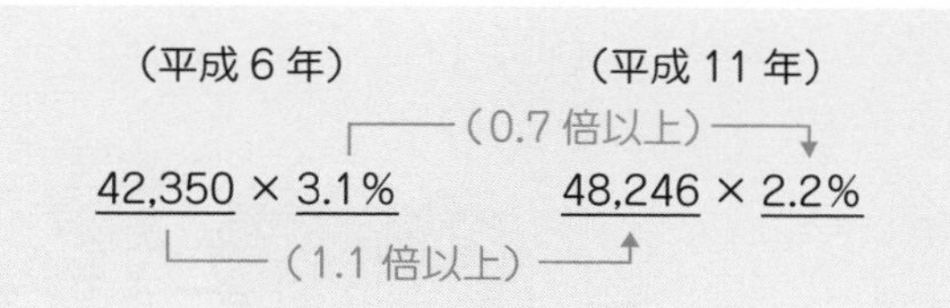

これより、6年に対する11年の比率は、1.1 × 0.7 = 0.77以上ですから、25%も減少していません。

肢2　肢1と同様に、家政の平成6年と11年を比較します。総数については、肢1よりもう少し細かいところまで確認しますよ。

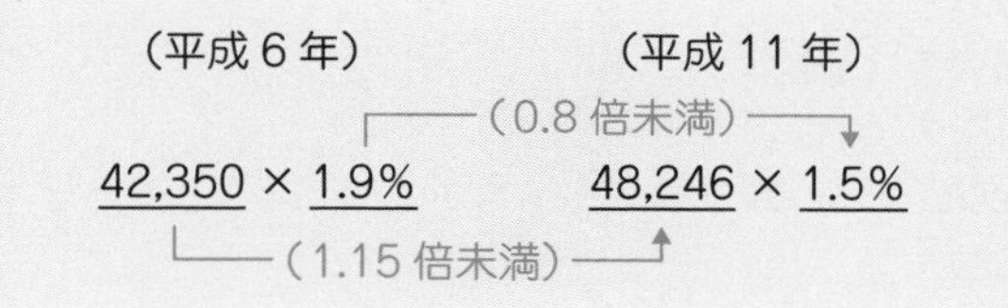

6年に対する11年の比率は、1.15 × 0.8 = 0.92未満ですから、指数は95を下回りますね。

肢3　増加率の大小はテクニック⑤より、平成6年に対する11年の割合でわかりますし、さらにテクニック④より、構成比の割合のみで判断できますね。

そうすると、6年 → 11年で、保健のほうの構成比はいずれも5.5%で変わらないのですが、社会科学のそれは34.5% → 34.1%と減少していますね。したがって、社会科学の増加率＜保健の増加率となり、本肢は確実にいえます。

肢4　平成6年の工学に対して11年の教育は、構成比が4分の1弱なのはわかりますね。しかし、総数がけっこう増えているわけですから、4分の1を上回ると推測できます。11年の教育を4倍して確認してみましょうか。

小太郎の電卓部屋

理学6年
42,350 × 0.031 ≒ 1,312.9
理学11年
48,246 × 0.022 ≒ 1,061.4
1,061.4 ÷ 1,312.9 ≒ 0.81で、減少率19%だね。

小太郎の電卓部屋

家政6年
42,350 × 0.019 ≒ 804.7
家政11年
48,246 × 0.015 ≒ 723.7
723.7 ÷ 804.7 ≒ 0.899で、指数89.9だね。

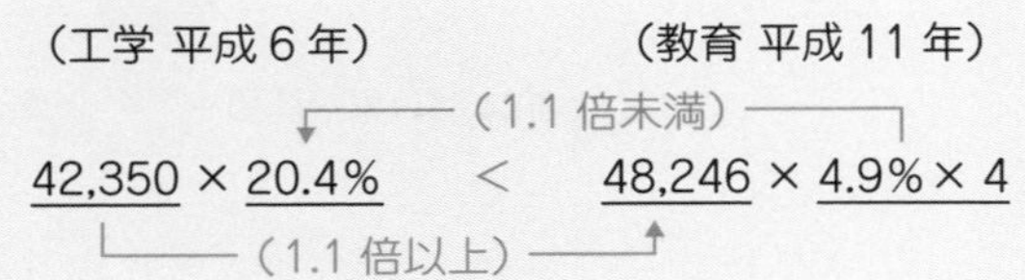

よって、4 分の 1 を下回ることはありません。

肢 5　ちょっと面倒ですが、総数を指数にして少し計算してみましょう。

平成 6 年の総数を 100 とすると、人文科学は 18.6 、農学は 5.2 ですね。11 年ですが、ここはちょっと計算して、48,246 ÷ 42,350 ≒ 1.14 ですから、総数を 114 としましょう。人文科学と農学の 11 年はそれぞれ 114 × 20.5% ＝ 23.37 , 114 × 4.8% ≒ 5.47 で、増加数はそれぞれ 23.37 － 18.6 ＝ 4.77 , 5.47 － 5.2 ＝ 0.27 ですから、前者は後者の 15 倍以上になるのはわかるでしょう。

もっとも、本肢も後回しでいいでしょう。肢 3 の正解肢だけは簡単にわかりますからね。

3

実数のまま計算するのが大変なときに、このように指数にすることで、少しラクになることもよくあるよ。

MEMO

LEVEL 4 High Level 8

目標時間 7 分

次の図表から正しくいえるのはどれか。　　出典 東京都Ⅰ類B 2017

邦画，洋画別の映画の公開本数と興行収入の状況

邦画，洋画別の映画の公開本数と興行収入（2011 年）

公開本数（単位：本）		興行収入（単位：百万円）	
邦画	洋画	邦画	洋画
441	358	99,531	81,666

邦画，洋画別の映画の公開本数と興行収入の**対前年増加率**の推移

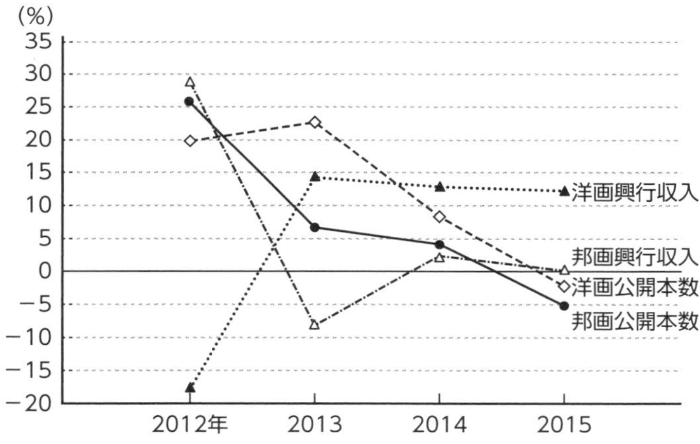

1．2011 年における邦画の公開本数を 100 としたとき、2014 年における邦画の公開本数の指数は 150 を上回っている。
2．2012 年から 2015 年までのうち、邦画の興行収入が最も多いのは 2012 年であり、最も少ないのは 2015 年である。
3．2013 年から 2015 年までの各年についてみると、洋画の興行収入は、邦画の興行収入をいずれも下回っている。
4．2013 年から 2015 年までの 3 か年における洋画の興行収入の累計は、230,000 百万円を下回っている。

5．2013 年から 2015 年までの各年についてみると、洋画の公開本数は、邦画の公開本数をいずれも上回っている。

肢 1　邦画公開本数の 2012 年の増加率は約 26%ですから、ここで指数 126 となります。2013 年は約 7%、2014 年は約 4%ですから、この 2 年で合わせて 11%程度増加していますが、126 から 11%増加したくらいでは 150 には及びません。

ちょっと補足

2012 年の増加率は大きいので、3 か年の足し算だけではちょっと不安。まず、2012 年を 126 として考えよう！

肢 2　邦画興行収入の 2014 年の増加率はプラスですから、2013 年 ＜ 2014 年で、さらに、2015 年はほぼ 0 で前年と変わらないわけですから、2014 年 ≒ 2015 年とわかります。

これより、2013 年＜ 2015 年となり、最も少ないのは 2015 年ではありません。

肢 3　洋画興行収入の 2011 年は 81,666 ですが、2012 年は約 18%減少で、ここで 67,000 くらいまで落ち込んでいます。2013 年は約 14%増加で、ここで約 77,000、2014 年度は約 13 % 増加で約 87,000、2015 年度は約 12 % 増加で、ここでも 100,000 には達しませんね。

80,000 の 18%で 14,400 だから、81,666 − 14,400 ＝ 67,266 よりやや少ないかな。

67,000 の 14%、77,000 の 13%は、いずれも 10,000 くらいだよね。

一方、邦画興行収入の 2011 年は 99,531 で、2012 年は約 28%の増加で、ここで 125,000 以上です。2013 年は約 8%減少していますが、それでも 115,000 以上あり、2014 年は約 2%増加、2015 年は前年と変わりませんね。

およそ 100,000 の 28%弱の増加と考えればいいね。

これより、いずれの年も邦画は洋画を上回っているとわかり、本肢は正しくいえます。

小太郎の電卓部屋

洋画 2012 年
81,666 × 0.82 ≒ 66,966
洋画 2013 年
66,966 × 1.14 ≒ 76,341
洋画 2014 年
76,341 × 1.13 ≒ 86,265
洋画 2015 年
86,265 × 1.12 ≒ 96,617
邦画 2012 年
99,531 × 1.28 ≒ 127,400
邦画 2013 年
127,400 × 0.92 ＝ 117,208
邦画 2014 年，2015 年
117,208 × 1.02 ≒ 119,552

肢 4　肢 3 の洋画興行収入の概算より、2013 年は 70,000 以上、2014 年，2015 年は 80,000 以上ありますので、この 3 か年の合計は 230,000 以上になります。

肢 5　洋画公開本数は、2011 年が 358 、2012 年は約 20%、2013 年は約 23%増加しています。また、邦画公開本数は、2011 年が 441 で、2012 年は約 26%、2013 年は約 7%増加ですから、それぞれの 2013 年は次のように比較できます。

（洋画公開本数）　　　（邦画公開本数）

$\underline{358 \times 1.2} \times 1.23 \quad < \quad 441 \times 1.26 \times 1.07$

↓

約 430

よって、2013 年は邦画のほうが多いですね。

3

「430」より「441」のほうが大きいし、「1.23」より「1.26 × 1.07」のほうが大きいでしょ！

MEMO

High Level 9

目標時間 6 分

表は、主要業種別の 1990 年度及び 1999 年度の CO_2 排出量に対する 2000 年度のそれの増加率を示したものである。表に関する次の記述のア，イ，ウに該当する業種の数の組合せとして妥当なのはどれか。　出典 国家Ⅱ種 2002

1990，1999，2000 の各年度について CO_2 排出量を業種別に比較すると、1990 年度が最も少なく 2000 年度が最も多かったのは（　ア　）業種である。また、各年度のうち 1999 年度が最も多かったのは（　イ　）業種である。

なお、1999 年度において業種全体に占める CO_2 排出量の割合が 1990 年度におけるそれより大きかったのは（　ウ　）業種である。

（単位：%）

業　種	1990 年度比	1999 年度比
電　　力	9.1	1.5
ガ　　ス	−27.0	−5.6
石　　油	27.3	−2.3
鉄　　鋼	−1.7	2.8
化　　学	8.7	−0.2
製　　紙	7.6	3.1
自 動 車	−17.7	−2.5
ビ ー ル	−5.6	−5.5
全　　体	1.2	1.1

	ア	イ	ウ
1.	1	2	3
2.	1	2	4
3.	1	3	3
4.	2	2	4
5.	2	3	4

まずは、1990，1999，2000年度の大小関係をどのように検討するかですよね。与えられたデータは、2000年度の、対1990年度比と対1999年度比ですから、2000年度を基準に考えることになります。

たとえば、AのBに対する比がプラスであればA＞B、マイナスならA＜Bですよね。そうすると、次のような場合については表1のように判断できます。

表1

	90年度比	99年度比	大小関係
①	プラス	マイナス	99年＞2000年＞90年
②	マイナス	プラス	90年＞2000年＞99年

また、AのBに対する比がプラスの場合、その増加率が大きければ大きいほど、Aと比べてBの値は小さいことになりますので、2000年度の比がともにプラスの場合については、その増加率の大小で表2のように判断できます。

表2

	90年度比	99年度比	大小関係
③	増加率 ＞	増加率	2000年＞99年＞90年
④	増加率 ＜	増加率	2000年＞90年＞99年

同様に、AのBに対する比がマイナスの場合、その減少率が大きいほど、Aと比べてBの値は大きいことになりますので、ともにマイナスの場合は、表3のように判断できますね。

表3

	90年度比	99年度比	大小関係
⑤	減少率 ＞	減少率	90年＞99年＞2000年
⑥	減少率 ＜	減少率	99年＞90年＞2000年

以上より、アに該当するのは表2の③のケースですから、電力，製紙の2業種です。

たとえば、1990年度が100、1999年度は200、2000年度は400だったら、1990年度比は4倍、1999年度比は2倍で、このとき2000年度＞1999年度＞1990年度の順だね。このように簡単な具体例を挙げてみるとイメージしやすいでしょ！

ちょっと補足

まとめると、1990年度と1999年度となら、○年度比が大きいほうが排出量は小さい。2000年度は○年度比がともにプラスなら最大で、ともにマイナスなら最小。プラスとマイナスなら中間ってことだよね。

また、イに該当するのは①と⑥、つまり1999年度比がマイナスで、1990年度比はそれより大きいところですから、石油，化学の2業種です。これより、**肢4**が正解ですね。

そして、ウについてですが、全体に占める割合は、テクニック⑦より、全体の増加率＜その業種の増加率であれば大きくなっていると判断できます。1990年度→1999年度の増加率をまずは全体について見ると、1990年度に対して2000年度は1.2％増、1999年度に対しては1.1％増です。1990年度と1999年度はほぼ同じというか1999年度のほうがわずかに大きかったという程度でしょう。

そうすると、1990年度→1999年度で増加率がプラス、つまり1990年度＜1999年度なのは、前述のア，イに該当する電力，石油，化学，製紙の4業種で、これらはいずれも全体の増加率よりは高い増加率であることが数値から判断できるでしょう。

4

MEMO

High Level 10

目標時間 7 分

表は、ある年のA～H社における社員の構成について示したものであるが、これから確実にいえるのはどれか。

出典 国家総合職 2016

	社員総数（人）	条件Xが当てはまる社員の割合（%）	条件Yが当てはまる社員	
			社員数（人）	うち条件Xが当てはまる社員の割合（%）
A社	5,021	18.1	1,920	5.3
B社	14,410	27.4	3,017	7.7
C社	5,426	26.3	2,473	12.5
D社	15,263	18.8	4,985	5.4
E社	21,184	12.2	6,730	3.2
F社	5,687	22.8	2,587	10.7
G社	42,629	9.4	11,753	1.7
H社	593	28.8	278	18.0

1．条件Yが当てはまる社員の割合は、A～H社のいずれも30%を上回っており、その割合が最も高いのはE社である。
2．A～H社の合計についてみると、条件Xが当てはまる社員の割合は20%を上回っており、条件Yが当てはまる社員のうち条件Xが当てはまる社員の割合は5%を上回っている。
3．A～H社のうち、条件Xが当てはまる社員が最も多いのはG社であるが、条件Xと条件Yの両方が当てはまる社員が最も多いのはC社である。
4．A社が、現在の社員に追加して、社員総数が5,100人になるよう社員を新たに採用する場合、条件Yが当てはまる社員のうち条件Xが当てはまる社員の割合を10%以上にすることができる。
5．H社が、現在の社員に追加して、条件Xが当てはまる者のみを新たに採用する場合、社員総数に占める条件Xが当てはまる社員の割合を30%以上にするためには、8人採用すれば十分である。

肢1　B社の社員総数は14,410で、これの30％は4,200を上回ります。しかし、同社のYが当てはまる社員（以下『Y社員』とします）は3,017ですから、30％に及びません。

肢2　各社について、Xが当てはまる社員の割合（以下『X割合』とします）の「20％」との過不足を見てみます。

20％に満たないのは、A，D，E，Gの4社ですが、このうち、D，E，Gの3社は社員総数が多いベスト3で、特に、社員数の多いG社，E社のX割合が極めて低いですね。

一方、20％をわりと大きく上回っているのはB，C，H社ですが、これらの社員数はあまり多くありません。

そうすると、8社合計のX割合は20％に及ばないと判断できますね。

また、Y社員のX割合についても、Y社員の多いG社，E社のX割合が低く、一方、5％を大きく上回る社もあり、合計の5％に達するかは微妙ですね。

肢3　G社の社員数は42,629で、X割合は9.4％ですから、Xが当てはまる社員は4,000ほどで、これに届くような社は他にありません。

また、C社のY社員は2,473で、X割合は12.5％ですから、Xが当てはまるY社員は300以上で、やはり、これに届くような社は他にありません。

よって、本肢は確実にいえます。

肢4　A社のY社員は1,920で、X割合は5.3％ですから、Xが当てはまるY社員は100程度ですね。

A社の現在の社員数は5,021ですから、5,100になるには79人採用することになり、そのすべてがX，Yともに当てはまる者であったとすると、Xが当てはまるY社員は180程度に増えます。しかし、Y社員数も1,920＋79＝1,999に増えますので、これに対して180程度では10％以上にはなりません。

肢5　H社の社員数は593で、X割合は28.8ですから、テクニック③より、590×29％として計算すると、約171になります。

ここで、8人採用すると、社員数は601になり、

14,000 × 0.3 = 4,200だからね。

G社も30％に届いてないね。

この3社で合計の$\frac{2}{3}$くらいになるね。

肢2の電卓部屋は次ページに。

ちょっと補足

40,000 × 10％で4,000だからね。
4,000に届くには、社員20,000なら20％、10,000なら40％必要でしょ!?　そんなとこないよね。

ちょっと補足

12.5％＝$\frac{1}{8}$だからね。2,400の$\frac{1}{8}$で300でしょ！
300以上になるには、Y社員3,000なら10％以上、5,000なら6％以上、6,000なら5％以上必要だよね。

これくらいだとほぼ誤差はないよね。
ここは「8人」という小さい数がポイントになるから、ある程度はきちんと計算しよう。
ちなみに、593 × 0.288 ≒ 170.8

その 30％は 601 × 0.3 ＝ 180.3 ですから、181 以上あれば、30％以上になりますが、171 ＋ 8 ＝ 179 で、181 に及びません。

よって、8 人採用しても 30％には足りません。

3

小太郎の電卓部屋

肢 2 を確認するよ。

「社員数 × X 割合」の計算結果

A	909	B	3,948
C	1,427	D	2,869
E	2,584	F	1,297
G	4,007	H	171

合計　17,212 …①

社員数の合計　110,213 …②

①÷②

17,212 ÷ 110,213 ≒ 0.156

「Y 社員数 × X 割合」の計算結果

A	102	B	232
C	309	D	269
E	215	F	277
G	200	H	50

合計　1,654 …③

Y 社員数の合計　33,743 …④

③÷④

1,654 ÷ 33,743 ≒ 0.049

MEMO

High Level 11

目標時間 7 分

図Ⅰ，Ⅱは、わが国のある年のサービス業の状況を示したものである。これらの図から確実にいえるのはどれか。 出典 国家Ⅱ種 2002

図Ⅰ　サービス提供先区分でみたサービス業

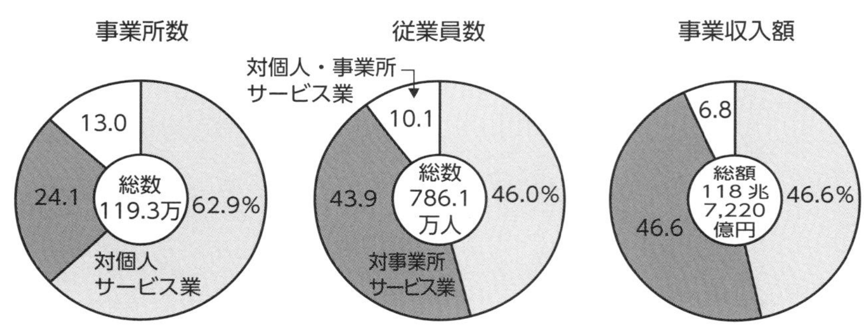

図Ⅱ　事業収入額の上位５業種

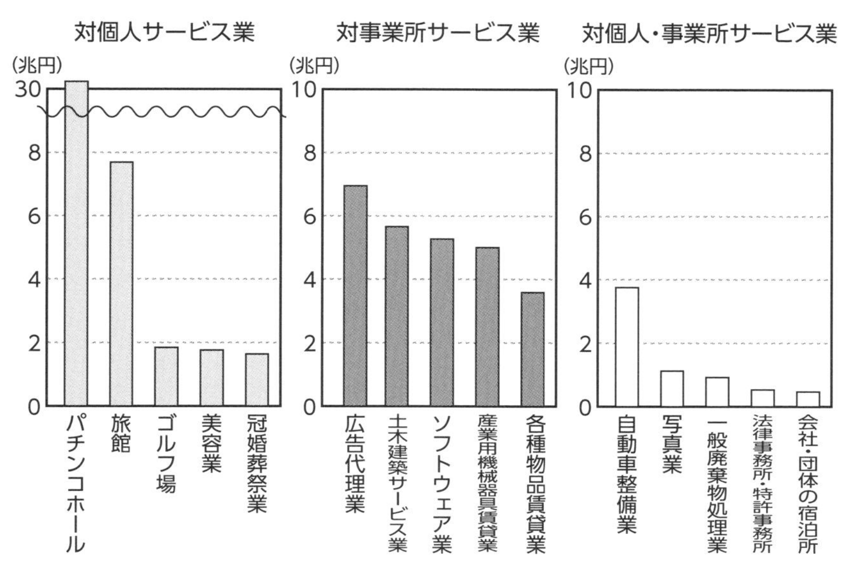

1. 「旅館」の事業収入額は、「対個人・事業所サービス業」全体のそれを上回っている。
2. 「対事業所サービス業」全体の事業収入額に占める「広告代理業」の事業収入額の割合は、「対個人サービス業」全体の事業収入額に占める「ゴルフ場」のそれの6倍以上である。
3. 「パチンコホール」の1従業員当たりの事業収入額は、7百万円以上である。
4. 「広告代理業」1事業所当たりの事業収入額は、「パチンコホール」のそれを上回っている。
5. 「対個人・事業所サービス業」1事業所当たりの事業収入額は、「対個人サービス業」のそれを上回っている。

肢1 「旅館」の事業収入額は図Ⅱから8兆円に満たないのは明らかですが、「対個人・事業所サービス業」のほうは図Ⅰから、118兆7220億円の6.8%で、こちらは8兆円に達するでしょう。

よって、後者のほうが大きいですね。

100兆円の6.8%で6.8兆円だから、その1.2倍弱と考えるとだいたい8兆円だね。
1,187,220 × 0.068 ≒ 80,731（億円）

肢2 図Ⅰによると、「対事業所サービス業」の事業収入額と、「対個人サービス業」のそれは全体に対する構成比がまったく同じですから、同額であることがわかります。そうすると、それに占める割合が6倍以上かどうかは、「広告代理業」の事業収入額が「ゴルフ場」のそれの6倍以上かどうかで判断できますね。

図Ⅱより、「広告代理業」は7兆円程度、「ゴルフ場」は2兆円近くですから、6倍には達しませんね。

肢3 「パチンコホール」の事業収入額は30兆円強ですね。これを「パチンコホール」の従業員数で割った値が7百万円以上かどうかですが、従業員数のデータは図Ⅰでわかるように提供先区分別の人数しかわかりません。

つまり、「対個人サービス業」の従業員数は、786.1 × 0.46（万人）ですが、そのうち「パチンコホール」の従業員が何人かはデータがないのでわからないわけです。したがって、「パチンコホール」1従業員当たり事業収入額が「いくらか」は判断不可能です。しかし、「7百万円以上か」となるとちょっと待ってくださいね。

「対個人サービス業」の従業員は 786.1 × 0.46（万人）ですから、400 万人に満たないのは明らかです。30 兆円を 400 万人で割ってみてください。これでも 750 万円ですよね。そして、「パチンコホール」の従業員は「対個人サービス業」の従業員の一部ですから、実際は何人かはわかりませんが 400 万人よりもっと少ないわけで、そうなると、1 従業員当たり事業収入額はこの 750 万円よりもっと大きくなるのは明白です。

というわけで、明らかに 7 百万円は上回っており、本肢は確実にいえます。

肢 4　「広告代理業」及び「パチンコホール」の事業所数もデータがないのでわかりませんね。肢 3 のように「○以上あるか」といわれたら判断できる可能性もありますが、この 2 業種を比較するには両者の事業所数を比較できるデータは必要でしょう。本肢は判断不可能ですね。

肢 5　こちらは提供先別の話ですから判断は可能でしょう。テクニック④を使って、構成比だけで判断できますね。次のようになります。

「対個人・事業所サービス業」		「対個人サービス業」
$\frac{6.8}{13.0}$	<	$\frac{46.6}{62.9}$

テクニック②を使ってもいいのですが、前者は 2 分の 1 ちょっとですから、後者が大きいのは明らかでしょう。

3

ワンポイントアドバイス
One Point Advice

実際の値は判断不可でも、「少なくとも○以上」とか「多くとも○以下」といわれたら要注意！ 似たような引っかけはときどき出ているからね！

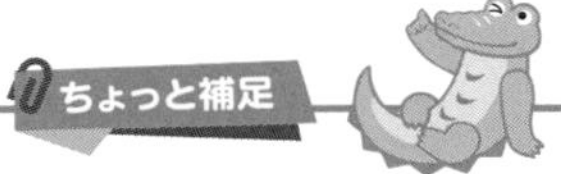

「対事業所サービス業」の事業所数（「広告代理業」の事業所数として可能な最大数）で「広告代理業」の事業収入額を割ったものが、「パチンコホール」全体の事業収入額を上回っていれば話は別だけど、それはないよね。

MEMO

High Level 12

目標時間 6 分

ある会社には部長級から一般社員級までの 5 段階の資格等級がある。各資格等級に就く要件は社員の勤務成績のほか、年齢及び社員が一つ下位の資格等級に在職していた年数であり、それぞれの資格等級における要件の具体的な内容は表のとおりである。また、いったん上位の資格等級に就いた社員で、以後それより下位の資格等級に降格された者はいなかった。

1990 年 4 月 1 日現在この会社の資格等級別・年齢階層別在職状況は図のとおりであった。同日から 2000 年 4 月 1 日までの社員の入社・退社状況が次のとおりであった場合、2000 年 4 月 1 日現在の在職状況を示した図として、可能性があるのはどれか。

出典 国家Ⅱ種 2002

- ○ 退社した社員は全員 60 歳になった年度の 3 月 31 日に退社した。
- ○ 社員が退社した日の翌日には、退社した人数と同数の 22 歳の新入社員が入社した。
- ○ 上記以外の入社または退社はなかった。

資格等級	一般社員級	係長級	課長級	次長級	部長級
年齢要件	要件なし	26 歳以上	35 歳以上	45 歳以上	45 歳以上
一つ下位の資格等級に在職していた年数の要件	要件なし	一般社員級に 4 年以上在職	係長級に 4 年以上在職	課長級に 4 年以上在職	次長級に 4 年以上在職

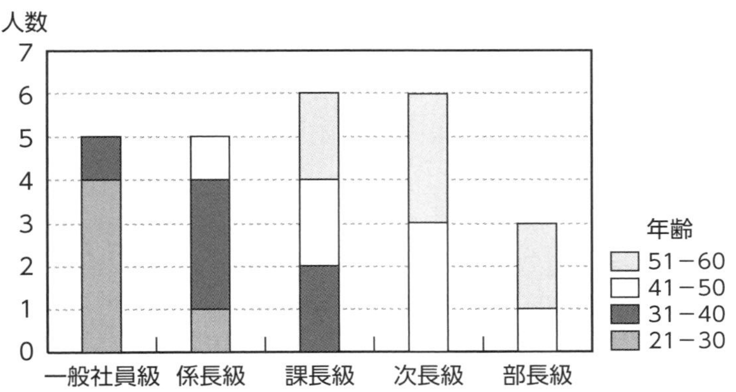

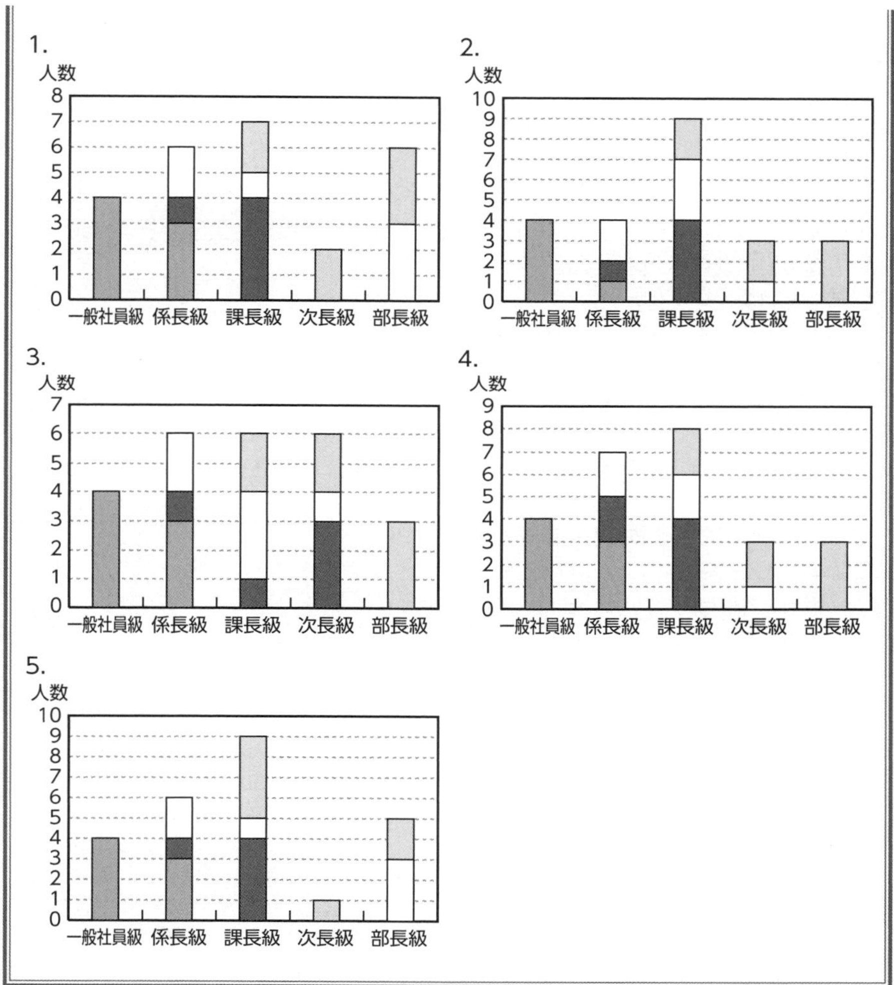

1990 年の図から判断して 10 年後の状況として可能性があるのはということですから、選択肢の図のうち 4 つはありえないわけですね。消去法で答えを出すことになるでしょう。

まず、条件より、入退社の状況からこの 10 年間で社員総数に変化はありません。では、1990 年の社員数を数えてみてください。25 人ですね。しかし、肢 2 の図では 23 人しかいませんね。これは消去しましょう。

次に資格等級における要件の表を見てみましょう。これは最低限満たさねばならないわけですが、肢3の図では、次長級に31－40歳の社員がいますね。次長級は45歳以上ということですから、これもありえないでしょう。

さて、あとは1990年からの10年間での変化を考えていきましょう。まず、1990年に51－60歳の年齢階層にいた社員は7人ですが、2000年には全員が退社しているでしょう。

そして、1990年に41－50歳の年齢階層にいた社員も7人ですが、この7人は、2000年には51-60歳の階層にいるか、もしくは退職していますね。しかし、肢1，4，5とも、51－60歳の階層に7人いますから、全員がこの階層に残っていることになります。

これより、この7人の資格等級を確認すると、1990年には次長級以上に4人いたはずですが、**肢5**では、2000年には3人しかいませんので、少なくとも1人は降格されたことになり、条件に反します。よって、肢5も消去できますね。

残る肢1と肢4は、この階級には矛盾がありませんので、もうひとつ下の年齢階層を確認します。1990年に31－40歳の年齢階層には6人がおり、この6人は、2000年には41－50歳の階層にいるはずですが、**肢4**では5人しかいませんね。

よって、肢4も消去でき、可能性があるのは**肢1**で、これが正解となります。

1

ちょっと補足

10年間での新入社員も7人ということで、そのほとんどは21－30歳の階級だろうけど、1991年4月に22歳で入社した社員は2000年には31歳になっているので、31－40歳に属する社員もいる可能性があるよね。

ちょっと補足

1990年4月1日に50歳だった人で、同年の3月31日までに50歳の誕生日を迎えた人は、2000年の3月31日までに60歳になっているので、3月31日に退職してるよね。

MEMO

High Level 13

目標時間 8 分

図は、A～F 地域について、森林率（総面積に占める森林面積の割合）及び 1 人当たりの森林面積を示したものである。また、表は、A～F 地域の総面積を示している。これらから確実にいえるのはどれか。　出典 国家総合職 2019

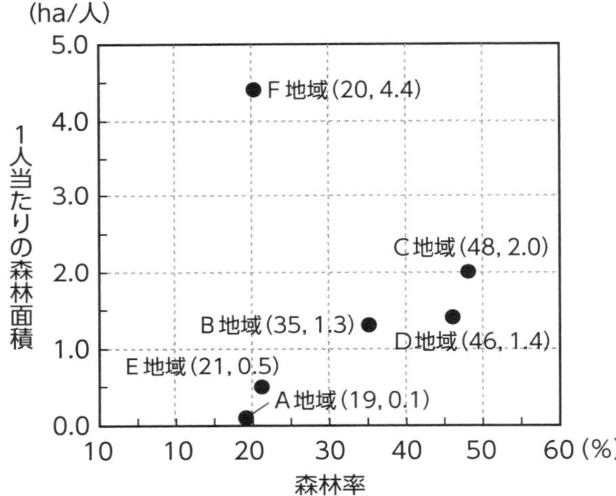

	総面積（億 ha）
A 地域	31.2
B 地域	21.3
C 地域	17.5
D 地域	22.1
E 地域	29.9
F 地域	8.5

（注）図中の（　）内は（森林率（%），1人当たりの森林面積（ha/人））を示す。

1．森林面積が最も小さいのは A 地域であり、最も大きいのは C 地域である。
2．A 地域と D 地域を合わせた地域の 1 人当たりの森林面積は、E 地域のそれより大きい。
3．人口が最も多いのは A 地域であり、次に多いのは E 地域である。
4．B 地域の人口は、D 地域の人口の 2 倍以上である。
5．人口密度が最も低いのは F 地域であり、最も高いのは B 地域である。

「総面積」をa、「森林率」をb、「1人当たりの森林面積」をcとします。

肢1　森林面積は、「$a \times b$」で求められます。A地域とF地域のbはあまり変わりませんが、aはA地域のほうがF地域の3倍以上あります。

よって、森林面積は、A地域よりF地域のほうが明らかに小さいですね。

また、同様に、C地域とD地域を比べると、D地域のほうが大きいこともわかります。

肢2　A地域とD地域を合わせた地域の1人当たり森林面積は、両地域の森林面積の合計を両地域の人口の合計で割って求めることになります。

人口は、「森林面積÷c」で求められますので、「$a \times b \div c$」で計算できます。

そうすると、次のような計算になりますね。

$$\frac{(\text{A地域の}a \times b) + (\text{D地域の}a \times b)}{(\text{A地域の}a \times b \div c) + (\text{D地域の}a \times b \div c)}$$

これは厳しいですね。後回しでいいでしょう。

ただ、ちょっと考えるとしたら、A地域のcが非常に小さいことに着目してみてください。ここから、A地域の人口のほうが圧倒的に多いことに気づければ、それだけでこの肢は切れます。

一応、概算しながら説明しますね。

森林面積は、A地域が31.2 × 19で600ほど、D地域は22.1 × 46で1,000ほどですから、D地域のほうが大きいですが、A地域の2倍まではありません。

しかし、cは、A地域が0.1、D地域が1.4で、圧倒的にA地域が小さいです。これで、先ほどの森林面積を割って、およその人口を計算すると、A地域は、600 ÷ 0.1 = 6,000、D地域は1,000 ÷ 1.4で、これは700強ですから、A地域のほうがD地域の8倍以上あります。

そうすると、「A地域とD地域を合わせた地域」の人口のほとんどがA地域の人口ですから、cの値もA地域のほうに近づくことになり、E地域の「0.5」よ

この式、カンタンになりそうだけど、AとDを足さなきゃならないので、カンタンにならないんだよね。

小太郎の電卓部屋

森林面積

A地域

31.2 × 19 = 592.8 …①

D地域

22.1 × 46 = 1,016.6 …②

①+② = 1,609.4 …③

人口

A地域

592.8 ÷ 0.1 = 5,928 …④

D地域

1,016.6 ÷ 1.4 ≒ 726.1 …⑤

④+⑤ = 6,654.1 …⑥

1人当たり森林面積

③÷⑥ = 1,609.4 ÷ 6,654.1

≒ 0.242

ちょっと補足

テクニック⑧のてんびん図で表すよ。たとえば、人口が8：1だと、両地域を合わせたcの値（支点）は0.2～0.3だよね。

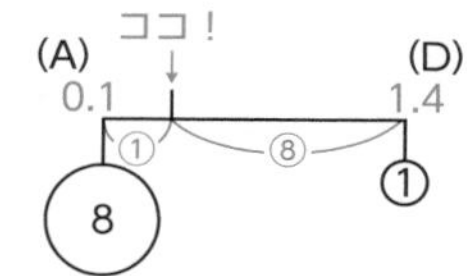

り小さくなるとわかります。

ただ、ここまで概算しましたので、続けて確認しましょう。両地域を合わせたおよその森林面積は 600 + 1,000 = 1,600 ですから、人口を 6,000 + 700 = 6,700 とすると、1,600 ÷ 6,700 で約 0.24 となります。

肢 3　肢 2 より、A 地域の人口（$a \times b \div c$ の値）は 6,000 ほどとわかりました。

E 地域について確認すると、29.9 × 21 で 600 強ですから、これを 0.5 で割ると 1,200 強となります。

また、その他の地域の（$a \times b$）は多くても 1,000 程度で、c はいずれも 1 以上ですから、（$a \times b \div c$）はさらに小さくなり、1,000 にも満たないとわかります。

1 より大きい数で割ると、小さくなるからね。

よって、最も多いのは A 地域、次に多いのは E 地域で、本肢は確実にいえます。

小太郎の電卓部屋

A と D は肢 2 の側注参照。
B 地域
21.3 × 35 ÷ 1.3 ≒ 573.5
C 地域
17.5 × 48 ÷ 2.0 = 420.0
E 地域
29.9 × 21 ÷ 0.5 = 1,255.8
F 地域
8.5 × 20 ÷ 4.4 ≒ 38.6

肢 4　肢 2 の結果を利用してもいいですが、B 地域と D 地域の a，b，c を比較したほうがわかりやすいでしょうか。

両地域の a は、D 地域のほうがやや多いですね。b も D 地域のほうが多く、35 に対して 46 ですから 1.3 倍程度です。そうすると、（$a \times b$）は、D 地域のほうが B 地域の 1.3 倍ちょっとあることになります。そして、c も D 地域のほうがやや多いですが 1.3 倍まではありませんので、（$a \times b \div c$）は B ＜ D となります。よって、B 地域が D 地域の 2 倍以上にはなりませんね。

小太郎の電卓部屋

肢 2，3 の結果より、
726.1 ÷ 573.5 ≒ 1.27（倍）

肢 5　人口密度は「人口÷総面積」ですから、$\frac{ab}{c} \div a = \frac{b}{c}$ で表せます。

すなわち、グラフの c（縦軸）に対する b（横軸）の割合ですから、傾きが大きいほど人口密度は低くなり、最も低いのは F 地域、最も高いのは A 地域とわかります。

「傾き」は、横軸に対する縦軸の割合だからね。

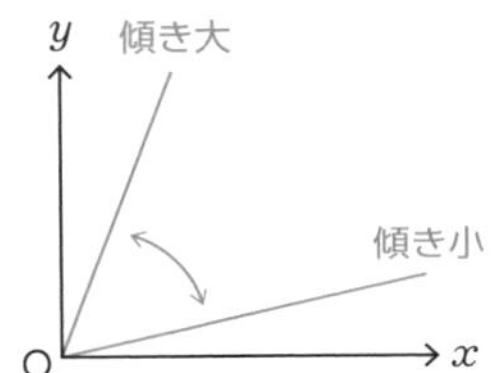

3

MEMO

High Level 14

目標時間 7 分

図はある年の遊園地，テーマパーク等の特定サービス産業（以下、「特定サービス産業」という）の事業形態別，収入区分別の年間売上高構成比を示し、表は事業形態別の年間売上高合計に対する割合，事業所数，就業者数，就業者の男女別割合を表している。これらからいえることとして確実なのはどれか。

出典 国家Ｉ種 2003

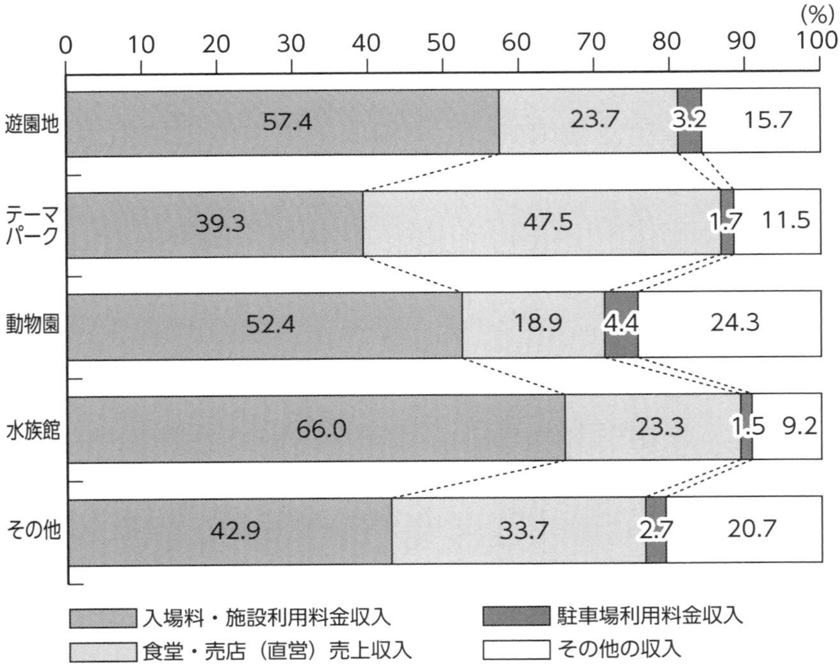

(%)

	入場料・施設利用料金収入	食堂・売店（直営）売上収入	駐車場利用料金収入	その他の収入
遊園地	57.4	23.7	3.2	15.7
テーマパーク	39.3	47.5	1.7	11.5
動物園	52.4	18.9	4.4	24.3
水族館	66.0	23.3	1.5	9.2
その他	42.9	33.7	2.7	20.7

<table>
<tr><th rowspan="2">事　業</th><th rowspan="2">年間売上高合計に対する割合（%）</th><th rowspan="2">事業所数</th><th rowspan="2">就業者数（人）</th><th colspan="2">就業者の男女割合</th></tr>
<tr><th>男性（%）</th><th>女性（%）</th></tr>
<tr><td>遊園地</td><td>22.0</td><td>117</td><td>9,809</td><td>54.6</td><td>45.4</td></tr>
<tr><td>テーマパーク</td><td>68.8</td><td>46</td><td>36,794</td><td rowspan="6">34.3</td><td rowspan="6">65.7</td></tr>
<tr><td>　外国の建物・文化</td><td>11.9</td><td>17</td><td>4,372</td></tr>
<tr><td>　日本の文化・歴史</td><td>1.1</td><td>9</td><td>435</td></tr>
<tr><td>　近未来，ハイテク，SF 等</td><td>5.7</td><td>3</td><td>11,965</td></tr>
<tr><td>　ファンタジー</td><td>33.0</td><td>4</td><td>11,755</td></tr>
<tr><td>　文化・芸術・その他</td><td>17.1</td><td>13</td><td>8,267</td></tr>
<tr><td>動物園</td><td>3.6</td><td>27</td><td>1,743</td><td>57.9</td><td>42.1</td></tr>
<tr><td>水族館</td><td>2.1</td><td>10</td><td>774</td><td>47.0</td><td>53.0</td></tr>
<tr><td>その他</td><td>3.5</td><td>46</td><td>2,601</td><td>51.5</td><td>48.5</td></tr>
</table>

1. テーマパークの駐車場利用料金収入は、動物園の入場料・施設利用料金収入を超えている。
2. テーマパークのうち、就業者一人当たりの年間売上高が最も低いのは、「日本の文化・歴史」を扱ったものである。
3. 「特定サービス産業」の就業者全体についてみると、女性就業者のほうが男性就業者よりも多い。
4. 「特定サービス産業」全体の食堂・売店（直営）売上収入は、入場料・施設利用料金収入を超えている。
5. 「特定サービス産業」のうち、一事業所当たりの就業者数が最も少ない事業は、水族館である。

肢 1　表より、年間売上高合計に占める割合は、テーマパークが 68.8%、動物園が 3.6% ですが、前者の「駐車場…」と、後者の「入場料…」では、それぞれ図から構成比を読んで掛けると、次のように、動物園の「入場料…」のほうが大きいとわかりますね（テクニック①）。

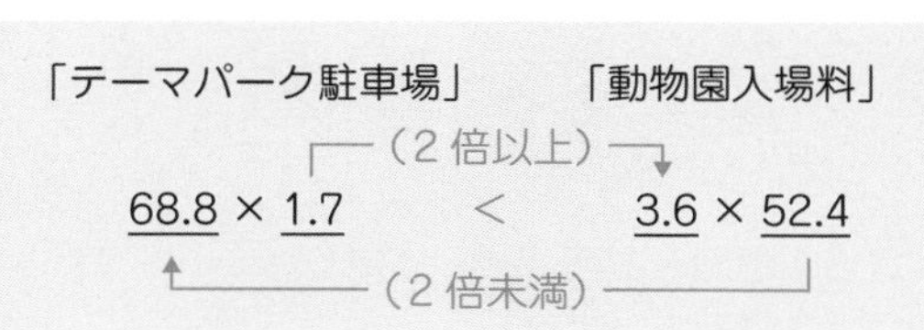

肢２　就業者数で年間売上高の割合を割ればいいですね。売上高が低くて就業者数の多い「近未来，ハイテク，SF等」と比べてみてください（テクニック②）。

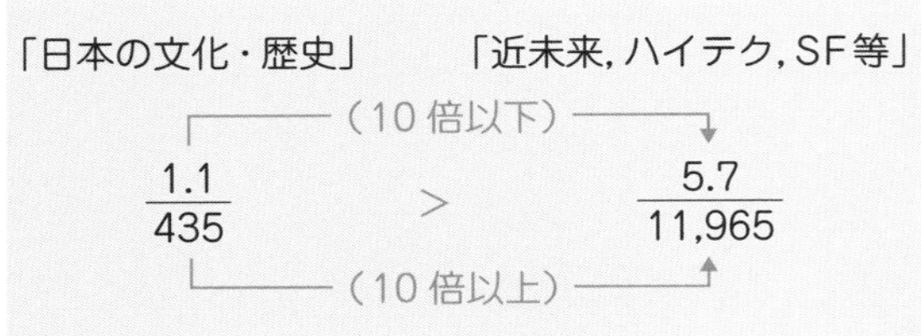

最も低いのは、「日本の文化・歴史」ではありませんね。

肢３　テーマパークで働く36,794人のうち、３分の２近くが女性就業者ですから、ここだけでも24,000人程度となり、男性を10,000人以上、上回っていることがわかります。

一方、男性が多いのは遊園地、動物園、その他の事業で、これらの就業者数の合計は14,000～15,000人ですが、男女の構成比の差はいずれもわずかで、ここで男性のほうが10,000人も多くなることはないでしょう。よって、女性就業者のほうが多いとわかり、本肢が正しいですね。

肢４　「食堂…」が「入場料…」を上回っているのはテーマパークのみですが、ここの売上高は大きいですね。しかし、テーマパークでの両者の構成比の差は、47.5－39.3＝8.2（％）ですね。一方、遊園地は「入場料…」のほうが多く、その差は57.4－23.7＝33.7（％）です。それぞれの事業の売上の割合に掛けてみましょうか。

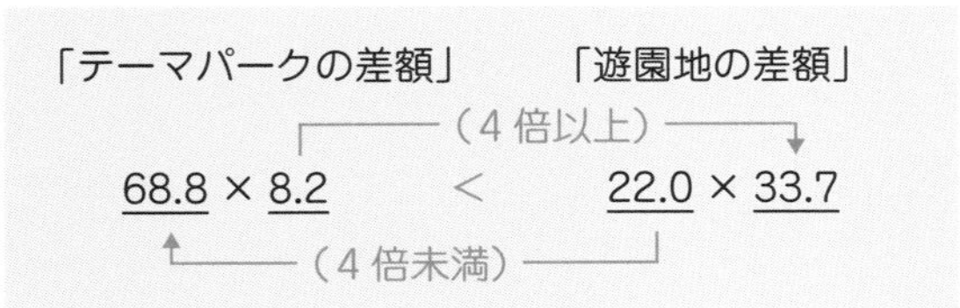

つまり、テーマパークで「食堂…」が「入場料…」を上回っている金額以上に、遊園地では「入場料…」

のほうが「食堂…」を上回っており、他の事業も「入場料…」のほうが大きいので、明らかに「入場料…」＞「食堂…」となりますね。

肢５ 「事業」の中での比較ですから気をつけてくださいね。水族館の一事業所当たりの就業者数は774 ÷ 10 = 77.4（人）ですが、「その他」がこれを下回るのは明らかですね。

3

テーマパークの内訳は含まないよ！

小太郎の電卓部屋

「その他」って項目が気に入らなければ、「動物園」でも確認してみて！

動物園
1,743 ÷ 27 ≒ 64.6 (人)
その他
2,601 ÷ 46 ≒ 56.5 (人)

High Level 15

目標時間 7 分

平成 12 年度にボランティア活動に参加したか否かなどについて、ある県の男女各 12,000 人ずつを対象に調査を行った。表はボランティア活動参加者の年齢階層別・性別内訳を、図Ⅰはボランティア活動不参加者の性別割合を、図Ⅱはボランティア活動参加の有無別に今後の参加意向の内訳の割合を示したものである。これらから確実にいえるのはどれか。

出典 国家Ⅰ種 2001

表

年　齢	男　性	女　性
10〜19	2.2%	4.4%
20〜29	2.3	5.5
30〜39	20.1	25.5
40〜49	15.0	33.6
50〜59	8.7	15.8
60〜69	45.2	13.2
70〜	6.5	2.0
計	100.0%	100.0%

図Ⅰ

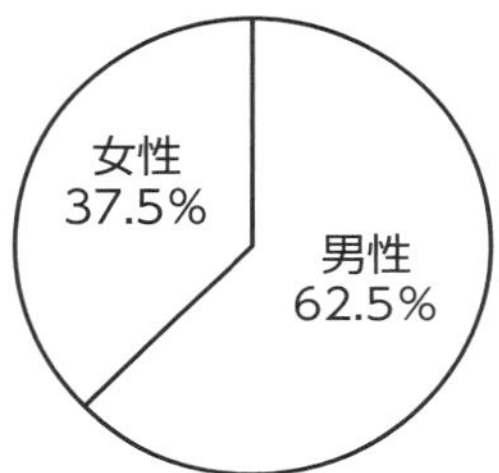

図Ⅱ

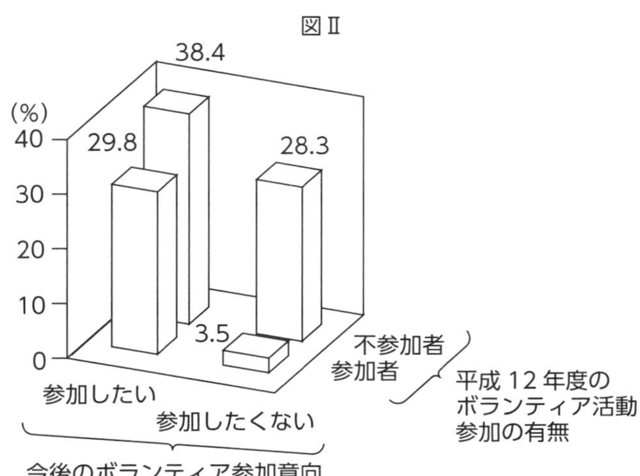

1．ボランティア活動参加者を年齢階層別にみると、10～19歳の男女の比率は約1：3である。
2．ボランティア活動参加者を年齢階層別にみると、30～39歳の女性の参加者数は1,000人に達していない。
3．ボランティア活動参加者を年齢階層別にみると、男女合計の参加者数が最も多いのは40～49歳である。
4．男性全体のうち、ボランティア活動不参加者は約6割である。
5．男性のボランティア活動不参加者のうち、今後は参加したいとした者は5割を超えている。

まず、図Ⅱからボランティア活動参加者と不参加者の比率は、（29.8＋3.5）：（38.4＋28.3）＝33.3：66.7≒1：2となりますね。

両方ともきれいな比になるでしょ！
出題者の意図だよね。

一方、図Ⅰからボランティア活動不参加者の男女比は、62.5：37.5＝5：3となります。

ここで、不参加者の男性を5、女性を3とおくと、合わせて8ですから、参加者はその2分の1で4となり、合計12ですね。調査対象は男女同数ですから男女とも6となり、これより参加者の男性は6－5＝1、女性は6－3＝3とわかります。次のようにまとめますね。

	男性	女性	男女計
参加者	1	3	4
不参加者	5	3	8
合計	6	6	12

厳密には、「33.3:66.7」はきっちり「1：2」ではないので、この比はおおよそのもの。でも、選択肢の内容はこれで十分検討できるでしょ!?

これをもとに各肢を検討します。

肢1　ボランティア活動参加者の男女比は1：3ですから、10～19歳の男女の比率は表から、（1×2.2）：（3×4.4）＝1：6となります。

肢2　実数は男女計で24,000人ですから、上にまとめた表の数値に各々2,000を掛けるとおよその実数値が得られますね。ボランティア活動参加者の女性は2,000×3＝6,000（人）ですから、30～39歳の女性参加者は6,000×0.255で、1,500人を超えま

24,000 ÷ 12 ＝ 2,000だからね。

すね。

肢３　女性の構成比を３倍して比較しましょう。

40 ～ 49 歳は、15.0 ＋ 33.6 × 3 は 100 を超えますが、他の年齢層にこのようなところはありませんね。本肢は確実にいえます。

肢４　男性全体に対する不参加者の割合は、$\frac{5}{6}\times 100 \fallingdotseq 83.3$（%）ですね。

肢５　今後は参加したいとした者の男女比はわかりません。しかし、本肢はそれで片付けるのはちょっと危険です。つまり、その比率はわからなくても「５割を超えている」かどうかなら判断できるかもしれないからです。

ボランティア活動不参加者は全体の 66.7％ですから、そのうち今後は参加したいとした者の割合は、$\frac{38.4}{66.7}\times 100 \fallingdotseq 57.6$（%）です。不参加者のうち女性の構成比は 37.5％ですから、仮に不参加者の女性全員が参加したいとしたとしても、57.6 − 37.5 ＝ 20.1（%）は男性になるわけで、これは不参加者の男性全体の、最小でも $\frac{20.1}{62.5}\times 100 \fallingdotseq 32.2$（%）を占めることを意味します。

ですから、５割に満たない可能性もあるということで本肢は誤りとなるわけですが、数値によってはこのような内容も正解肢になる可能性があるということですよね。くれぐれも注意してください。

極端なケースを仮定することで可能性を確認するんだよ！

「５割」ではなく「３割」だったら正解肢だったよね。
High Level 11 の肢３と同タイプの引っかけかな！
たまにこういうのがあるから、気をつけてね！

MEMO

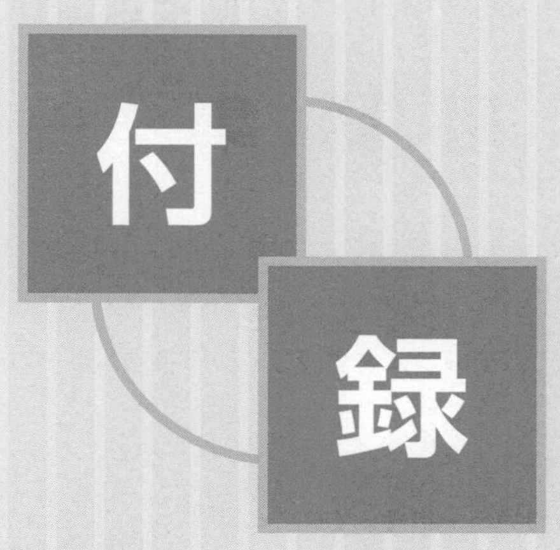

付録

- 基本用語集
- テクニック集
- 暗算問題集

基本用語集

1 構成比

全体の値に対して、その全体を構成している各項目がそれぞれいくらを占めているかを表す数値。

$$当該項目の構成比(\%) = \frac{当該項目の数値}{全体の数値} \times 100$$

$$当該項目の数値 = 全体の数値 \times 当該項目の構成比$$

2 指　数

基準となる値を 100 として、それぞれの項目の値を表した数値。

$$指数 = 100 \times \frac{当該項目の数値}{基準となる数値}$$

3 増加率・増減率・伸び率

たとえば、前年に対して増加した割合を、対前年増加率という。

$$対前年増加率(\%) = \frac{今年の数値 - 前年の数値}{前年の数値} \times 100$$

4 %ポイント

%で表された２つの数値の差を表すときの単位。

たとえば、ある支持率が「50%」から「60%」に上がったとき、「10%ポイント（または 10 ポイント）増加した」という。

「50」から「60」への増加率は、50 × 1.2 = 60 より、20%であるが、「支持率が 50%から 60%へ 20%増加した」という表現はわかりにくいため、このような場合は一般に「%ポイント」または「ポイント」という単位を使う。

テクニック集

1 掛け算の比較

「A × a」…①と「B × b」…②の大小を比較するときのテクニックです。

A ＞ B かつ a ＞ b なら、文句なく①＞②でしょう。問題は、A ＞ B かつ a ＜ b のときですよね。

①，②のそれぞれがわりとたやすい計算で大小が判断できるようなら、それで問題ないでしょう。しかし、それがけっこう大変なときはどうするかということで、次の例を見てください。

例 1）　①　38,785 × 4,453　　vs　　②　19,536 × 9,028

①と②はどちらが大きいか見分けられましたか？　前者どうしを比較すると、19,536 に対して 38,785 は約 2 倍ですが、2 倍にちょっと足りないですね。それに対して後者どうしは、4,453 に対して 9,028 は明らかに 2 倍以上あります。掛け算は、片方が 2 倍でもう片方が 2 分の 1 であれば、その値は同じになりますから、例 1 は①＜②ですね。

では、次の例はどうでしょう。

例 2）　①　7,962 × 0.351　　vs　　②　10,219 × 0.261

前者は②のほうが大きいのですが、その差 10,219 − 7,962 は、およそ 2,200 〜 2,300 ですから、7,962 に対して 2 割以上 3 割以下というところでしょう。つまり、①に対して②のほうが 1.2 〜 1.3 倍ですね。それに対して後者は、①と②の差が 0.09 で、こちらは 0.261 の 3 割以上あります。つまり、②に対して①のほうが 1.3 倍以上あります。よって、①＞②ですね。

このように、適当な組合せ（たいていは前者どうし，後者どうし）で、それぞれ大きいほうが小さいほうのおよそ何倍にあたるかを暗算で検討することで、大小の判断はほとんど可能です。

では、もう1問。①が②の3倍以上かどうかを判断してみてください。

例3） ①　6,572.8 × 159.4　　vs　　②　4,497.1 × 80.5

②のどちらかを3倍してみましょう。たとえば前者を3倍すると13,500近くになりますので、①の6,572.8の2倍以上はありますね。しかし、後者を見ると、①は②の2倍はありませんので、①<② × 3でしょう。3倍はないことがわかります。

暗算問題集のExercise3で練習してみてくださいね。

テクニック集

2 割り算（分数）の比較

$\frac{1}{2}$と$\frac{1}{3}$がどちらが大きいかはわかりますよね。では、$\frac{2}{3}$と$\frac{3}{4}$はどうでしょう？

分子，分母とも$\frac{3}{4}$のほうが 1 大きいですから、$\frac{2}{3}$からみると分子は 2 → 3 で 1.5 倍になったのに、分母は 3 → 4 で 1.33…倍にしかなっていませんね。分数は分子、分母とも同じ数を掛けてもその値は変わりませんが、これでは分子のほうが大きくなったわけですから、分数も大きくなりますよね。

分数の比較はこのように、分子と分母の増加率を比較し、分子の増加率＞分母の増加率なら分数は大きいと判断し、その逆なら小さいと判断できます。次の例を見てください。

例 1）① $\frac{1,783}{2,491}$ vs ② $\frac{5,418}{7,245}$

①に対して②は、分子は 3 倍以上になっていますが、分母は 3 倍に満たないですね。つまり、①＜②です。

ちなみに、前述の$\frac{2}{3}$と$\frac{3}{4}$のような簡単な数値であれば、両方に分母の最小公倍数の 12 を掛けて（相手の分母を掛けるだけでもOK）、次のように比較することもできます。

$$\frac{2}{3} : \frac{3}{4} = (\frac{2}{3} \times 12) : (\frac{3}{4} \times 12) = (2 \times 4) : (3 \times 3)$$

では、次ですが、$\frac{3}{4}$と$\frac{15}{20}$が同じなのはいいですよね。ここで、$\frac{15}{20}$をちょっと変形して、$\frac{9+6}{12+8}$と書けることに着目しましょう。$\frac{9}{12}$も$\frac{6}{8}$も$\frac{3}{4}$と等しいわけで、どちらかの分子または分母がこれより大きくなると、分数の均衡は崩れますね。

そうすると、$\frac{3}{4}$と$\frac{11}{14}$はどちらが大きいでしょう？　$\frac{3}{4}$に対して、$\frac{11}{14}$は分子、分母とも3倍に2だけ大きいですね。つまり、$\frac{11}{14}=\frac{3\times3+2}{4\times3+2}$ですから、$\frac{3}{4}<\frac{2}{2}$より$\frac{3}{4}<\frac{11}{14}$と判断できます。

次の例を検討しましょう。

例2）①　$\frac{911}{1,630}$　vs　②　$\frac{4,595}{8,260}$

②は$\frac{4,595}{8,260}=\frac{4,555+40}{8,150+110}=\frac{911\times5+40}{1,630\times5+110}$ですから、$\frac{911}{1,630}>\frac{40}{110}$より、①>②と判断できますね。

暗算問題集の Exercise4 で練習してみてください。

テクニック集

3 概数計算のポイント

どうしても面倒な計算を強いられたときは、上 2 桁を取って概数計算をしてみましょう。それで余裕の範囲なら OK ですが、次の例を見てください。この計算が 10,000,000 以上かを判断してみましょう。

例 1）7,589 × 1,374

この計算結果は、10,427,286 なんですが、上 2 桁を取って概算すると、7,500 × 1,300 = 9,750,000 で 10,000,000 に満たないことになり、正誤の判断に影響してきますね。つまり、両方とも切り捨ててしまった結果、10,000,000 にちょっと足りなかったわけですから、このようなときは注意しなければなりません。

ではどうすればよいかというと、掛け算の場合は、片方を切り捨てるのであれば、もう片方は切り上げて強弱を相殺するといいですね。つまり、後者を切り上げて、7,500 × 1,400 = 10,500,000 なら誤差もわずかです。

ただし、切り上げと切り捨ての度合いは気をつけてくださいね。前述の計算は、7,589 の端数 89 は 1％ちょっとで、1,374 に加えた 26 は 1,374 の 2％弱です。この程度であれば問題ありませんが、このバランスが悪いと誤差は大きくなります。

ベストなのは、片方を 2 倍したらもう片方は 2 分の 1 にするというように、もとの数に対する割合が互いに逆数になるようにバランスを取るといいでしょう。次の例をちょっと工夫して簡単な計算にしてみてください。

例 2）4,863 × 3,321

後者は 3 倍強で 10,000 になりますね。では、前者は 3 分の 1 弱で 1,600 にして、16,000,000 程度と判断できるでしょう。実際の計算結果は 16,150,023 ですから、誤差はわずかですね。

また、割り算の場合は、両者を同じくらいの割合でともに切り上げる、または、ともに切り捨てるといいでしょう。次の計算をしてみましょう。

例3）6,328,721　÷　78,813

ともに5%程度を切り捨てて、6,000,000 ÷ 75,000 = 80程度ですね。実際に計算すると、約80.3ですから、おおむねOKでしょう。また、ともに切り上げて計算してもわかります。

暗算問題集のExercise5で練習してみてくださいね。

4 構成比の計算

次のようなデータがあります。

		人口	面積
3県合計		6,239,540人	78,913km^2
構成比	A県	43.5%	33.4%
	B県	32.8%	41.5%
	C県	23.7%	25.1%

ここで、3県の人口1人当たり面積を比較するとしましょう。各県はそれぞれ次のように表せます。

$$\text{A県}\quad \frac{78{,}913 \times 0.334}{6{,}239{,}540 \times 0.435}\ (\text{km}^2)$$

$$\text{B県}\quad \frac{78{,}913 \times 0.415}{6{,}239{,}540 \times 0.328}\ (\text{km}^2)$$

$$\text{C県}\quad \frac{78{,}913 \times 0.251}{6{,}239{,}540 \times 0.237}\ (\text{km}^2)$$

お気づきのように、$\frac{78{,}913}{6{,}239{,}540}$はすべてに共通ですね。A：B：Cの比は、すべて同じ数を掛けるか、または同じ数で割る分には、比の値に影響はありませんので、$\frac{78{,}913}{6{,}239{,}540}$は相殺して、残る構成比だけの計算で判断できるわけです。

したがって、1人当たり面積の比は次のようになりますね。

$$A : B : C = \frac{33.4}{43.5} : \frac{41.5}{32.8} : \frac{25.1}{23.7}$$

A県が最も小さいのは明らかです。B県とC県とでは、分子はB県のほうが1.5倍以上ありますが、分母のそれは1.5倍はないですね（テクニック②）。よって、B県＞C県＞A県と判断できます。

このように、全体（100％）にあたる数値が共通であれば、構成比どうしで判断することが可能ですね。

5 増加率の計算(ⅰ)

500 → 600 の増加率は次のような計算で求めるのが本当ですよね。

$$\frac{600-500}{500}\times 100 = 20\ (\%)$$

しかし、実際には、増加数である 600 − 500 = 100 を出さなくとも、$\frac{600}{500} = 1.2$ で判断できますよね。

つまり、何%増えたかは、もとの数に対する割合が何倍になったかで判断が可能ですので、わざわざ増加数を出して考えるまでもありません。

次の①，②の増加率の大小を検討してみてください。

例） ① 79,348 → 90,532
② 39,014 → 46,225

増加後の数値がもとの数の何倍になったかは、次のような分数で表せます。テクニック②を使うと、分子は①が②の 2 倍に満たないのに対して、分母は 2 倍以上ありますね。

$$① \frac{90{,}532}{79{,}348} < ② \frac{46{,}225}{39{,}014}$$

これより、①<②とわかり、増加率の大小も同じと判断できます。

6 増加率の計算（ii）

対前年増加率が次のようなデータがあります。

	2018年	2019年	2020年	2021年
A	80%	100%	50%	100%
B	3.5%	2.8%	7.4%	4.4%
C	−6.3%	−11.5%	−0.9%	−3.1%

ここで、2017年に対する2021年の比率を出してみましょう。

まずAですが、2017年を100とすると、2018年はその80%つまり80の増加ですから180となり、これは100 × 1.8で得られますね。すなわち、もとの1に増加率の0.8を加えた数を掛ければいいことがわかるでしょう。

そうすると2019年は、2018年の180に1 + 1 = 2を掛けて、360。2020年はさらに1.5倍して540。2021年は540 × 2 = 1,080となり、2017年の10.8倍になっていることがわかりますね。

同様に、Bについては次のような計算になります。

100 ×（1 + 0.035）×（1 + 0.028）×（1 + 0.074）×（1 + 0.044）
≒ 119.3…①

しかし、この計算はちょっと大変ですね。そこで、次の計算をみてください。

100 + 3.5 + 2.8 + 7.4 + 4.4 = 118.1　…②

①に対してやや小さいですが、誤差はわずかです。つまり、2018年で103.5ですから、2019年の増加数は103.5の2.8%なのですが、これは2.8にちょっと大きいだけですから、103.5 + 2.8 + αで考えてOKですよね。したがって、このような計算は「足し算＋α」で判断は可能ということです。

ところで、この「＋α」なんですが、次のような意味を持っています。

テクニック集

仮に1年目の増加率を a、2年目の増加率を b とおくと、この2年間でもとの数に対して、$(1+a)\times(1+b)$ 倍になったわけですが、これを展開すると次のようになりますよね。

$$(1+a)(1+b) = 1+a+b+ab$$

すなわち、もとの値に増加率を足し算したものより ab だけ大きく、これが「$+\alpha$」の正体になります。

Bの2019年の段階では、この「$+\alpha$」は、$0.035\times0.028=0.00098$（$=0.098\%$）となり、ほとんど無視していい値ですよね。つまり、増加率が小さいほど、この「$+\alpha$」も小さくなりますので、増加率の大きさに応じて「$+\alpha$」＝「ちょっと上乗せ」する度合いを考えて判断してください。

ちなみに、Aのように大きな増加率では「$+\alpha$」も無視できない数値になりますから、足し算しても $100+80+100+50+100=430$ では誤差が大きすぎて判断の材料にはなりません。こんな大きな増加率の問題はめったにありませんが、ここまでになると、掛け算で求めなければならないでしょう。

では、Bと同様の計算をCで確認してみましょう。

$$100\times(1-0.063)\times(1-0.115)\times(1-0.009)\times(1-0.031)$$
$$\fallingdotseq 79.6 \quad \cdots①$$
$$100-6.3-11.5-0.9-3.1=78.2 \quad \cdots②$$

ということで、減少の場合でも①＞②で、「$+\alpha$」は「ちょっと上乗せ」ですね。「減少率」で考えるとやや少なめにすることになります。

これは、$(1-a)(1-b)$ を展開するとわかるでしょう。

$$(1-a)(1-b)=1-a-b+ab$$

最後は「$+ab$」になるからですね。

そうすると、1 年目が増加で 2 年目が減少のときは、次のようになりますね。

$$(1 + a)(1 - b) = 1 + a - b - ab$$

最後は「$-ab$」になりますね。たとえば、10％増加して翌年に 10％減少した場合、あるいはその逆の場合においても、1.1 × 0.9 ＝ 0.99 でもとの 1 に戻るわけではないということです。

ですから、減少した分を取り戻すには、その減少率を上回る増加率が必要ということになります。

暗算問題集の Exercise6 で練習してみてくださいね。

テクニック集

7 比率の増減

対前年増加率が次のようなデータがあります。

	2018年	2019年	2020年	2021年
女子	3.5%	2.9%	8.1%	4.1%
男女計	2.1%	4.5%	1.9%	4.6%

これより、「2021年の男女計に対する女子の比率が、2017年に比べて大きくなっているか」を判断しましょう。

といっても、このデータでは男女計に占める女子の比率そのものはわかりませんよね。そこで、2017年の女子の人数を a（人），男女計を b（人）としてみます。

女子は、2017年に対して2021年は、3.5 + 2.9 + 8.1 + 4.1 = 18.6より、20%近くの増加（←テクニック⑥、ちなみに掛け算で正確に計算すると約19.8%）ですから、1.2a弱としておきましょう。

一方、男女計のそれは、2.1 + 4.5 + 1.9 + 4.6 = 13.1より、14%程度の増加（同13.7%）ですから、仮に1.14bとしましょう。

そうすると、男女計に対する女子の比率は次のように比較できますね。

（2017年）　　　（2021年）

$$\frac{a}{b} < \frac{1.2a\text{弱}}{1.14b}$$

ここでわかるように、女子の増加率＞男女計の増加率であれば、女子の比率は大きくなることがわかるでしょう。

よって、比率自体が不明であっても、増加率の大小で比率が上がったか、下がったかは判断できます。

次のようにまとめておきましょう。

【AのBに対する比率】
Aの増加率＞Bの増加率　⇒　上昇
Aの増加率＜Bの増加率　⇒　下降
Aの増加率＝Bの増加率　⇒　変化なし

テクニック集

8 てんびん算

数的推理でよく使うてんびん算ですが、資料解釈でもときおり役に立ちます。次の例を見てください。構成比のデータですね。

例 1） A高校の希望進路の構成比

	大学進学	短大進学	その他
男子	55%	20%	25%
女子	40%	50%	10%
男女計	48%	34%	18%

このデータから男女の人数比を判断します。

たとえば「大学進学」について見ると、男子の 55%と女子の 40%が希望しており、その合計が、男女計の 48%にあたるわけですから、男子、女子の人数をそれぞれ a（人），b（人）とすると次のように求められます。

$$0.55a + 0.4b = 0.48(a + b)$$
$$0.55a + 0.4b = 0.48a + 0.48b$$
$$0.55a - 0.48a = 0.48b - 0.4b$$
$$0.07a = 0.08b$$
$$\therefore a : b = 8 : 7$$

そして、同じことをてんびん図で表します。まず、男女の構成比を両端にのせて次のような図を書きます。支点は男女計の構成比にきますね。

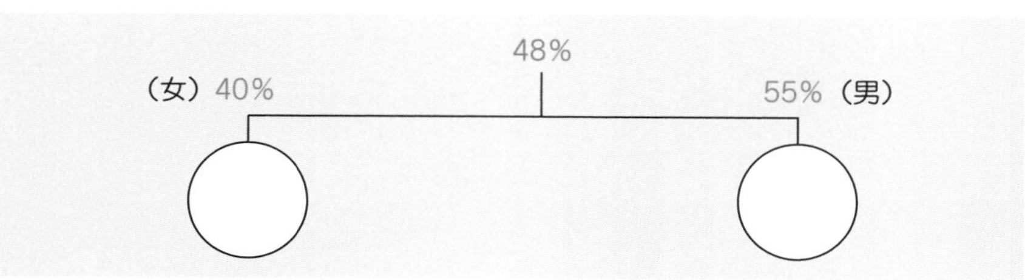

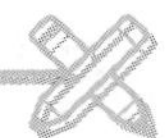

ここで、両端から支点までの距離の比に対して、重さの比が逆比になることから、それぞれの重さ（人数）の比が図のようにわかり、男子：女子＝８：７が得られますね。

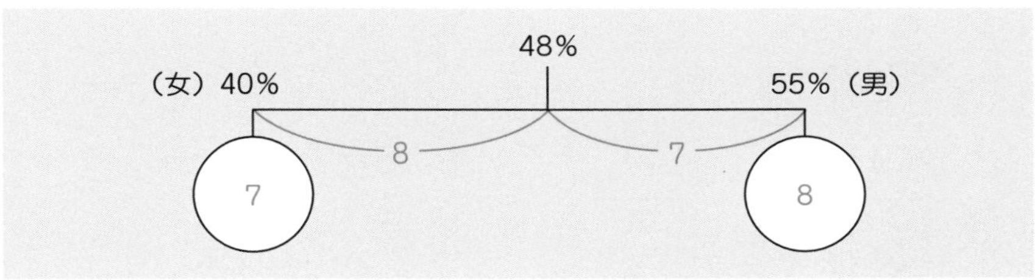

また、増加率のデータでも活躍の場はあります。次の例を見てください。

例２）Ｂ高校の生徒数の対前年増加率

男子	女子	男女計
10%	3%	6%

ここから前年の男女の人数比を判断します。構成比のときと同じように考えて、次のようなてんびん図で求められますね。

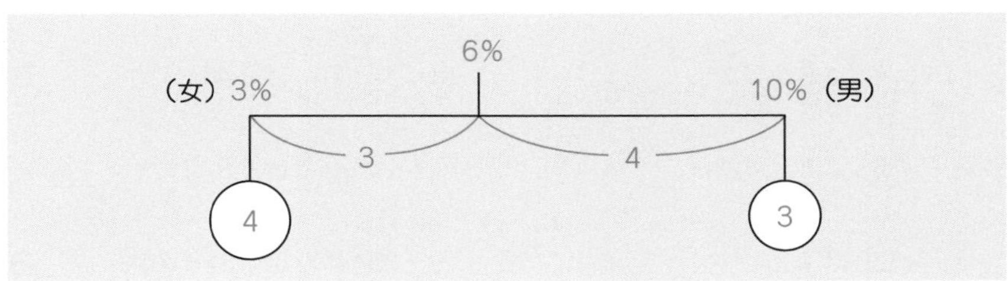

よって、男子：女子＝３：４となります。

暗算問題集

Exercise 1

次の □ に整数値で答えなさい。

① 96 は 16 の □ 倍

② 171 は 19 の □ 倍

③ 143 は 13 の □ 倍

④ 645 は 43 の □ 倍

⑤ 729 は 27 の □ 倍

⑥ 198 は 28 の約 □ 倍

⑦ 430 は 48 の約 □ 倍

⑧ 2,761 は 230 の約 □ 倍

⑨ 7,955 は 465 の約 □ 倍

⑩ 1,550 は 705 の約 □ 倍

⑪ 7,388 は 1,219 の約 □ 倍

⑫ 40,500 は 989 の約 □ 倍

⑬ 71,200 は 2,150 の約 □ 倍

⑭ 33,333 は 1,391 の約 □ 倍

⑮ 233,000 は 3,698 の約 □ 倍

⑯ 185,911 は 6,411 の約 □ 倍

⑰ 87,963 は 8,016 の約 □ 倍

⑱ 372,000 は 7,441 の約 □ 倍

⑲ 143,109 は 5,097 の約 □ 倍

⑳ 184,000 は 9,123 の約 □ 倍

Exercise 2

次の □ に小数第 1 位（2 位以下四捨五入）まで答えなさい。

① 54 は 45 の □ 倍

② 140 は 56 の □ 倍

③ 1,464 は 305 の □ 倍

④ 1,365 は 130 の □ 倍

⑤ 357 は 238 の □ 倍

⑥ 1,444 は 465 の約 □ 倍

⑦ 4,010 は 819 の約 □ 倍

⑧ 7,355 は 1,134 の約 □ 倍

⑨ 17,500 は 3,169 の約 □ 倍

⑩ 25,800 は 6,143 の約 □ 倍

⑪ 27,812 は 2,983 の約 □ 倍

⑫ 6,399 は 3,334 の約 □ 倍

⑬ 21,006 は 9,719 の約 □ 倍

⑭ 24,011 は 7,011 の約 □ 倍

⑮ 31,126 は 4,199 の約 □ 倍

⑯ 4,000 は 4,465 の約 □ 倍

⑰ 4,280 は 5,325 の約 □ 倍

⑱ 3,152 は 7,731 の約 □ 倍

⑲ 1,039 は 1,789 の約 □ 倍

⑳ 4,873 は 9,823 の約 □ 倍

暗算問題集

Exercise 3

次の２数の大小を不等号で示しなさい。

① 235 × 91 [　] 460 × 45

② 1,293 × 68 [　] 4,030 × 23

③ 3,055 × 0.6 [　] 3,754 × 0.5

④ 8,820 × 2.5 [　] 2,210 × 10.2

⑤ 3,425 × 18.6 [　] 3,395 × 18.8

⑥ 9,965 × 6.8 [　] 5,689 × 10.2

⑦ 83,467 × 4,419 [　] 9,456 × 42,119

⑧ 7,742 × 56.02 [　] 1,438 × 269.38

⑨ 102.49 × 64.91 [　] 98.77 × 69.07 × 2

⑩ 5,133.4 × 947.36 [　] 1,183.71 × 1,193.8 × 4

⑪ 6,108.9 × 3,742.7 × 5 [　] 4,988.3 × 4,279.1 × 6

⑫ 129.66 × 79.7 × 9 [　] 4,315.94 × 2.98 × 8

⑬ 598.93 × 11.4 × 43.9 [　] 278.6 × 33.9 × 64.8

⑭ 39,466.8 × 27.4 × 1,483.1 [　] 5,255.4 × 301.9 × 1,211.7

Exercise 4

次の分数の大小を不等号で示しなさい。

① $\frac{4}{5}$ □ $\frac{5}{6}$

② $\frac{5}{7}$ □ $\frac{7}{9}$

③ $\frac{5}{9}$ □ $\frac{10}{17}$

④ $\frac{8}{11}$ □ $\frac{16}{23}$

⑤ $\frac{26}{17}$ □ $\frac{51}{35}$

⑥ $\frac{31}{43}$ □ $\frac{97}{130}$

⑦ $\frac{68}{177}$ □ $\frac{75}{191}$

⑧ $\frac{169}{33.4}$ □ $\frac{305}{52.2}$

⑨ $\frac{49.9}{223}$ □ $\frac{23.7}{118}$

⑩ $\frac{388}{931}$ □ $\frac{432}{816}$

⑪ $\frac{1,950}{1,433}$ □ $\frac{3,955}{1,926}$

⑫ $\frac{559.9}{749.2}$ □ $\frac{1,294.1}{1,822.3}$

⑬ $\frac{13,487}{20,605}$ □ $\frac{49,637}{74,259}$

⑭ $\frac{687.23}{174.9}$ □ $\frac{2,821.39}{735.8}$

Exercise 5

次の２数の大小を不等号で示しなさい。

① 68 × 41 ☐ 2,900

② 389 × 104 ☐ 42,000

③ 759 × 392 ☐ 250,000

④ 7,215 × 1,932 ☐ 13,119,000

⑤ 504 × 178.9 ☐ 95,621

⑥ 29 × 61 × 44 ☐ 82,109

⑦ 655 × 21.5 × 978 ☐ 12,130,472

⑧ 931 × 114.5 × 28.5 ☐ 2,806,511

⑨ 8,961 ÷ 1,150 ☐ 8

⑩ 9,623 ÷ 320 ☐ 28

⑪ 15,504 ÷ 422 ☐ 39

⑫ 498,007 ÷ 513 ☐ 980

⑬ 9,143,550 ÷ 223.9 ☐ 39,927

⑭ 7,430,227 ÷ 917.22 ☐ 8,168

Exercise 6

次の表の数値について、2017 年に対する 2021 年の増加率の、それぞれ表下に示す数値と比較したときの大小を判断しなさい。

対前年増減率

	2018 年	2019 年	2020 年	2021 年
①	5.0%	5.0%	7.0%	3.0%
②	4.8%	2.5%	2.2%	3.5%
③	9.5%	11.2%	−1.5%	4.3%
④	−3.1%	13.2%	5.8%	7.4%
⑤	2.7%	−0.9%	4.3%	10.5%
⑥	2.8%	11.5%	4.4%	−6.3%
⑦	3.9%	−13.4%	5.1%	1.9%
⑧	−6.8%	−8.3%	−3.5%	3.4%
⑨	24.3%	36.1%	29.5%	49.4%
⑩	−9.7%	−26.8%	32.4%	−21.0%
⑪	55.9%	−2.3%	−21.4%	10.5%
⑫	33.4%	85.1%	−62.3%	−41.0%
⑬	−11.7%	−32.0%	−22.8%	−45.1%
⑭	60.7%	54.1%	14.6%	−62.3%

① 23%　② 14%　③ 24%　④ 26%

⑤ 17%　⑥ 13%　⑦ −2%　⑧ −15%

⑨ 160%　⑩ −26%　⑪ 38%　⑫ −15%

⑬ −90%　⑭ 20%

暗算問題集解答

Exercise 1

① 6　② 9　③ 11　④ 15　⑤ 27　⑥ 7
⑦ 9　⑧ 12　⑨ 17　⑩ 2　⑪ 6　⑫ 41
⑬ 33　⑭ 24　⑮ 63　⑯ 29　⑰ 11　⑱ 50
⑲ 28　⑳ 20

Exercise 2

① 1.2　② 2.5　③ 4.8　④ 10.5　⑤ 1.5　⑥ 3.1
⑦ 4.9　⑧ 6.5　⑨ 5.5　⑩ 4.2　⑪ 9.3　⑫ 1.9
⑬ 2.2　⑭ 3.4　⑮ 7.4　⑯ 0.9　⑰ 0.8　⑱ 0.4
⑲ 0.6　⑳ 0.5

Exercise 3

① >　② <　③ <　④ <　⑤ <　⑥ >
⑦ <　⑧ >　⑨ <　⑩ <　⑪ <　⑫ <
⑬ <　⑭ <

Exercise 4

① ＜　② ＜　③ ＜　④ ＞　⑤ ＞　⑥ ＜
⑦ ＜　⑧ ＜　⑨ ＞　⑩ ＜　⑪ ＜　⑫ ＞
⑬ ＜　⑭ ＞

Exercise 5

① ＜　② ＜　③ ＞　④ ＞　⑤ ＜　⑥ ＜
⑦ ＞　⑧ ＞　⑨ ＜　⑩ ＞　⑪ ＜　⑫ ＜
⑬ ＞　⑭ ＜

Exercise 6

① 21.5%で小さい　② 13.6%で小さい　③ 25.1%で大きい
④ 24.6%で小さい　⑤ 17.3%で大きい　⑥ 12.1%で小さい
⑦ −3.6%で小さい　⑧ −14.7%で大きい　⑨ 227.3%で大きい
⑩ −30.9%で小さい　⑪ 32.3%で小さい　⑫ −45.1%で小さい
⑬ −74.6%で大きい　⑭ 7.0%で小さい

書籍の訂正情報について

このたびは，本書籍をご購入いただき，誠にありがとうございます。
万が一誤りの箇所がございましたら，以下の方法にてご確認ください。

1 訂正情報の確認方法

書籍発行後に判明した訂正情報を順次掲載しております。
下記Webサイトよりご確認ください。

2 ご連絡方法

上記Webサイトに訂正情報の掲載がない場合は，下記Webサイトの入力フォームよりご連絡ください。

lec.jp/system/soudan/web.html

フォームのご入力にあたりましては，「Web教材・サービスのご利用について」の最下部の「ご質問内容」に下記事項をご記載ください。

- 対象書籍名（○○年版，第○版の記載がある書籍は併せてご記載ください）
- ご指摘箇所（具体的にページ数と内容の記載をお願いいたします）

ご連絡期限は，次の改訂版の発行日までとさせていただきます。
また，改訂版を発行しない書籍は，販売終了日までとさせていただきます。

※上記「2ご連絡方法」のフォームをご利用になれない場合は，①書籍名，②発行年月日，③ご指摘箇所，を記載の上，郵送にて下記送付先にご送付ください。確認した上で，内容理解の妨げとなる誤りについては，訂正情報として掲載させていただきます。なお，郵送でご連絡いただいた場合は個別に返信しておりません。

送付先：〒164-0001 東京都中野区中野4-11-10 アーバンネット中野ビル
株式会社東京リーガルマインド 出版部 訂正情報係

- 誤りの箇所のご連絡以外の書籍の内容に関する質問は受け付けておりません。
  また，書籍の内容に関する解説，受験指導等は一切行っておりませんので，あらかじめご了承ください。
- お電話でのお問合せは受け付けておりません。

著者紹介

畑中敦子（はたなかあつこ）

大手受験予備校を経て、1994 年より LEC 東京リーガルマインド専任講師として、公務員試験数的処理の指導にあたる。独自の解法講義で人気を博し、多数の合格者を省庁等へ送り込んだ。2008 年に独立し、2014 年に（株）エクシア出版を設立。執筆活動、出版活動を行っており、著作等の累計発行部数は 160 万部を超える。主な著書は『数的推理ザ・ベスト NEO』『判断推理ザ・ベスト NEO』（いずれもエクシア出版）など。

STAFF

キャラクターデザイン，カバー・本文イラスト
横山裕子

本文デザイン，カバー装丁
越郷拓也

本文校正
甲斐雅子　柴﨑直孝
株式会社東京リーガルマインド

編集協力
小野寺紀子　平井美恵　中野真由子
長縄あかり

大卒程度公務員試験

畑中敦子の資料解釈の最前線！ 第３版

2004 年 4 月 30 日　第 1 版　第 1 刷発行
2023 年 4 月 25 日　第 3 版　第 1 刷発行

著　者　**畑中敦子**

発　行　**株式会社エクシア出版**
〒102-0083　東京都千代田区麹町 6-4-6
株式会社東京リーガルマインド
〒164-0001　東京都中野区中野 4-11-10
アーバンネット中野ビル

発　売　**株式会社東京リーガルマインド**
LEC コールセンター　0570-064-464
受付時間　平日 9:30～20:00 / 土・祝 10:00～19:00 / 日 10:00～18:00
※このナビダイヤルは通話料お客様ご負担となります。
書店様専用受注センター　TEL 048-999-7581 / FAX 048-999-7591
受付時間　平日 9:00～17:00 / 土・日・祝休み
www.lec-jp.com/

印刷・製本　**中央精版印刷株式会社**

ISBN 978-4-8449-0761-9